U0003266

朱敬一講社會科學

台灣社會的新世紀挑戰

朱敬一◎著

朱敬一 講社會科學

目次

第 **11** 講
知識經濟與專利權

　　我在上冊第一至五講簡單敘述了人類社會發展背景，並且介紹了若干十八、十九世紀學院派的古典理論，主題涵括政治、法律、經濟的社會背景與哲學思維。中冊第六至十講則闡述了諸如政治競爭、市場架構、家庭教育等現代理論，這些都是欲瞭解現代社會組成所不可或缺的背景知識。接下來在下冊的第十一至第十五講，將介紹二十世紀以後的社會現象，本講先探討知識經濟和專利權。

知識經濟的定義

　　台灣於二〇〇〇年由行政院院會通過「知識經濟發展方案」後，經建會隨即召開「全國知識經濟發展會議」，廣納各界意見；同年民間企業界、學術界人士也發起組成「民間知識經濟社會推動委員會」。當時台灣上下一致積極推動知識經濟發展方案，乍看似已正式進入所謂的「知識經濟時代」。儘管如此，其實仍有許多人不懂究竟何謂知識經濟。如果詢問某人何謂知識經濟，他也許會答道「知識經濟就是以知識為基礎的經濟」，如此定義雖然沒錯，但就像定義「左腳是右腳左邊的那隻腳」一樣含混不清，所以我們必須先清楚定義名詞。

　　麻省理工學院（Massachusetts Institute of Technology, MIT）

教授梭羅（Lester Thurow）於一九九九年寫了一本《知識經濟時代》（*Building Wealth: The New Rules for Individuals, Companies, and Nations in a Knowledge Based Economy*），研究個人、公司或國家如何在知識經濟時代累積財富（building wealth），以及個體為達成這個目標所須面對的新法則。書名中的「Knowledge Based Economy」，指的就是「知識經濟」。這本書在二○○○年由時報出版公司翻譯成中文版，推出之後隨即大賣，「知識經濟」這個名詞從此變得非常火紅。

　　梭羅所指的知識經濟時代大約從一九五○年代開始；為何用此名稱標誌新的紀元、藉以區別先前的工業時代呢？梭羅在著作中討論的是累積財富的「新」法則，但什麼樣的情況促使他去歸納一個新的社會科學理論呢？一定是因為有新的社會現象發生，而舊有的理論無法解釋，卻又有法則可循。

　　梭羅到底看到哪些重要的現象呢？先提供三則數據：（一）一九九○年，在全世界的十大企業中，只有兩家是美國企業；但到了一九九八年，十大企業中，美國企業就占了九家。（二）一九九○年全球二十五大企業裡，只有兩家是美國企業，但是到了一九九八年卻有二十家是美國企業。（三）全球十五大銀行的排名：一九九○年沒有一家美國銀行上榜，但是到了一九九八年，美國銀行卻占了九家。以上三則數據，可以看出不論是全球十大或二十五大企業，美國企業在這十年之

間的成長非常迅速，可以推論這十年間一定發生了某些事情促成這些轉變。

這正是梭羅書裡所說的「New Rules」。他另外還觀察到除了美國整體實力壯大，在財富累積方面也發生一些有趣的改變，亦即在過去的二十五年裡，美國前 5％ 富有者的財富，從原本占全國總財富的 16.7％，快速提高至 21.4％，比例從六分之一變成五分之一強，這代表最有錢的人變得更有錢。但同一期間，財富排名在 40％ 至 60％ 的中產階級，其財富占全國總財富的百分比卻是下降的，從一九八九年的 10％ 減至一九九七年的 3％。這就是財富的兩極化，現在我們經常聽到的「M 型社會」，[1] 就是在描述這種現象。雖然台灣目前還不至於出現 M 型的社會型態，但是確實有 M 型化的傾向，中產階級占台灣總財富的比例正在下降，但是前 5％ 最有錢的家庭財富比例卻在上升。

總之，從大的背景來看，可以發現兩個現象：第一，美國於九〇年代快速茁壯；第二，美國、台灣以及全世界各國，有

---

[1] M 型社會：英文字母 M 有兩個頂峰和一個凹谷，所謂「M 型社會」，就是指財富排名在中間的那群人力量正在消退，落於 M 型的凹谷。他們將來若不是往左邊的頂峰去，變成了窮人，就是往右邊的峰頂去，變成更有錢的人。

錢的人似乎變得更有錢，沒錢的人變得更沒錢，而中間的人則往兩邊跑。梭羅就是同時觀察到這兩個現象，才提出新法則。

相較於美國經濟於二十世紀末快速成長，反觀日本的經濟卻從九〇年代開始沒落。這十幾年間的現象是「美國崛起，日本沒落」，[2] 為什麼會這樣呢？梭羅認為這正是受到知識經濟的影響。知識經濟影響了總體與市場，造成有些國家往上爬，有些國家向下掉。知識經濟不但影響總體、影響國家，同時也影響國內的所得分配，以至於有錢人變得更有錢，中產階級與比較沒錢的人變得更沒錢。因此，梭羅希望能夠建構一個理論，以說明這傳統資本主義無法解釋的現象。

論及知識經濟的緣起，還有一個現象值得注意。我們曾於第二講提及，若忽略制度這項因素，一個國家的產出會受到勞動投入（L）、資本投入（K）與技術（A）的影響，可以公式 $y = f(L, K, A)$ 表示。在數千年來人類歷史的發展中，技術少有變動，只有一些諸如火藥、指南針、印刷術等偶然、片斷

---

[2] 日本第一？八〇、九〇年代的時候，台灣流行一本書叫《日本第一》（*Japan NO.1*），許多大官在演講時，講題都是「為什麼日本能，我們不能？」例如提到汽車工業，就會說日本有TOYOTA（豐田）、NISSAN（日產）、SUZUKI（鈴木），台灣為什麼沒有。《日本第一》最早是由美國出版，等到翻譯成中文在台灣出版時，日本正開始走下坡，因此「日本能，為什麼台灣不能？」的話題並沒有持續太久。

的技術產生，相較於現代每年動輒數萬筆的專利權申請案，創新速度自是不可同日而語。當技術（A）不變或少有變動時，要瞭解整個產出的生態，只需觀察勞動投入與資本投入即可。

　　假設有一間工廠聘請二十五位勞工，在資本為一單位的情況下，產出一千單位產品。如果把勞工加倍成五十位，並且把資本投入加倍，廠房擴展為兩間，是不是就能提升產出至二千單位呢？當每一個投入都加倍（Duplicate）的時候，我們觀察產出是否也會隨之加倍。如果投入加倍而產出也加倍，也就是產出從一千單位加倍到二千單位，當規模擴大 N 倍的時候，產出也會擴增 N 倍，這就叫做「規模報酬不變」（CRTS, constant return to scale）。但假設所有的生產要素加倍後，產出卻低於二千單位或沒有加倍，這種情況就叫做「規模報酬遞減」（DRTS, decreasing return to scale）。另一種情況則是把規模增加後，產出居然比二千單位還要多，這就叫做「規模報酬遞增」（IRTS, increasing return to scale）。

　　理論上，以上這三種情形都可能存在。然而回顧人類數千年來的歷史，可以發現人類的生產活動大多是 DRTS；換言之，絕大多數的情形都是投入加倍，產出卻沒有加倍。假設我們把一間教室變成兩間教室，把六個資優班變成十二個資優班，另外再新聘一名教師，但得到的教學效果通常不是兩倍，反而會比兩倍還少，這就是 DRTS。

　　為何人類的生產歷史大部分都是 DRTS 呢？原因在於資本和勞動這些要素可以加倍，其他因素卻無法加倍，例如企業能力，即調度 L 跟 K 的能力。假設台塑一間廠房有五千名員工與王永慶一位廠長，當資本投入加倍，使廠房增至兩間，員工也增至一萬名，並新增王永在為廠長。王永慶與王永在是兄弟，經營能力大概位於同一等級。但若此時欲再新增資本與勞動，也許就只能將王文洋也聘為廠長，其經驗和能力或許就與其父執輩有差異了。王永慶是「經營之神」；廠房設備可以加倍複製，但「經營之神」卻無法複製，因此產出可能不會加倍。同樣地，老師也沒有辦法複製，當資優班由一班擴充為兩班時，新聘教師的素質可能較差，如此一來教學成效就不會加倍，可見這其中必然有極限。

　　故某些生產要素並不是我們希望加倍就可以加倍，尤其是「管理」能力。當廠房與員工加倍後，因為管理能力有其極限，所以產出會不及一倍，企業的擴張也會受到限制。人類歷史上投入勞動、投入資本的產出過程，一定會受到 DRTS 的限制，所以再能幹的人也不能同時在台灣經營一個企業、在越南經營一個企業、在美國又經營一個企業。

　　但知識卻可以突破 DRTS 的限制，因為知識其中的一個特性就是沒有敵對性。第二講曾引用富蘭克林名言：「知識如蠟燭。」你點燃了別的蠟燭，並不會影響你原先的燭光亮度；燭

光照亮你並不會妨礙它照亮別人。

假設王永慶有十間工廠，每間工廠雇用二十五名勞工，各可產出 y，若多花一萬元，王永慶就可以多蓋一間工廠和多聘二十五名勞工，並且讓該間工廠也產出 y，則總產量就會從 10y 增至 11y。但如果這一萬元不是拿來多蓋一間工廠與雇用勞工，而是拿去研發電腦且研發成功，假設這個研發是將電腦的 CPU（中央處理器）從 386 升級為 Pentium II，可使某一間工廠的產出由 y 加倍為 2y。因為知識沒有敵對性，所以每一間廠房都可以使用這個新硬體，因此，若將同樣的一萬元投入知識研發，一旦研發成功，就能使產量大增，將 10y 提升至 20y。知識研發雖然僅發生在某個廠房，但它就像蠟燭一樣，會不斷地點燃，這就是知識的威力，它可以突破原本 DRTS 的宿命。

知識還有另一個特性：邊做邊學。舉例來說，假設你的初等代數學得好，高等代數就比較可能學得好；反過來說，你的初等代數學不好，高等代數就很難學得好。所以當微軟的人力資源、研發技術與設備都已經上了軌道時，它就比那些剛跨足軟體研發的公司具有優勢。同樣地，當一個國家的知識研發成熟到一個地步時，由於知識邊做邊學的特性使然，要進一步研發新的知識就更加容易了。

由於知識的此種特性，我們可以想像貧富懸殊將是現代社

會的趨勢，也就是「強者越強，富者越富；弱者越弱，貧者越貧」。基礎越雄厚的人，接納甚至研發新知識就更為便利，這即是邊做邊學的功效。再回憶一下前述美國與日本經濟在十年之間此長彼消的現象，以及不論美國、日本或台灣，國民所得分配都有「貧者越貧，富者越富」的現象，如果瞭解知識所扮演的關鍵角色，大概就能夠解釋這些現象了。

接下來要探討的是：為何這十年間日本的經濟衰退，美國卻大幅成長？又為何美國較日本適合發展知識創新呢？

對梭羅來說，他看到美國崛起、日本沒落，也看到每個國家的所得分配都在惡化，因此他試圖提出一個圓融的理論，去解釋他所觀察到的現象。梭羅在書中舉了一些例子，他提到比爾蓋茲的財力已經不是汽車大亨福特所能比擬的。福特的優勢在於他聘了幾十萬名的員工，並且擁有眾多的廠房設備。但為何比爾蓋茲更勝福特呢？微軟可能沒有什麼特殊的廠房與設備，員工數量也不比福特汽車多，也許就只有數百位電腦工程師，然而這些電腦工程師的優勢在於他們有豐富的知識，也就是 A（技術）。所以即使福特汽車有為數眾多的員工（L）與廠房設備（K），終究還是比不過微軟的技術研發團隊。

另外的例子是：麥可喬丹（Michael Jordan）於二〇〇三年復出時，年薪為三千六百萬美元，而且相較於一般人 15% 的體脂肪百分比，喬丹只有 4%，這代表喬丹的 L 非常精鍊。

儘管如此，蓋茲的薪水還是比喬丹高上許多。會有如此大的差異，可見肌肉大小並非關鍵，而是兩人的知識水平不同。網路上有人針對麥克喬丹的薪水作出計算，他一年大約出賽八十二場 NBA（美國職業籃球聯賽）例行賽，所以每打一場球賽的薪水約為四十萬美元。假設他一場球賽約上場四十分鐘，則每上場一分鐘可賺一萬元。又假設每一分鐘運球五十下，那麼每運球一下的薪水就是兩百元，相當不可思議。但是這則網路笑話的最後一段說，如果喬丹要賺到和蓋茲一樣多的錢，那麼他必須從一出生就開始打球，而且必須分秒不停地打球，如此持續數十年。

此外，各種職業運動員的職業壽命都不相同，例如棒球投手較野手的職業壽命長，因為野手需要速度，但隨著年紀的增長，速度必然會不如從前。至於籃球球員的職業壽命又更短了。最短的大概是美式足球，一個劇烈的衝撞，職業選手的生涯就可能因此結束。喬丹三千多萬年薪的日子，絕對不能維持太久，但蓋茲卻可年年賺大錢。

梭羅例中陳述的現象，大約在一九五〇至一九八〇年代末已開始盛行。原本投入 L 和 K 產出 y 的過程，逐漸變成投入 L、 K 和 A 來生產 y。知識在生產過程中扮演的角色加重了，又因為它無敵對性與邊做邊學的特性，造成國與國之間的貧富差距與國力懸殊。

那麼又該如何解釋日本衰退而美國成長的情形呢？這個現象與知識研究的特性有關。

何謂知識研究、知識創新？研究就是對未知事實的檢證與探索，假設我們將所有已知的事實通通視為規則，研究創新就是挑戰現有的規則，創造現在沒有的東西。現有的東西不叫創新，只能算是複習。例如台灣學生的解題能力相當強，補習班也不斷教導解題技巧，但學習解題技巧其實是扼殺創新力的兇手，因為當你越熟悉解題技巧，就越沒有能力去尋找問題。相對於尋找問題，解題是低層次的技巧；發掘問題才與研發創新有關。研發創新是沒有人給你題目的，你必須自己去找題目，然後思考答案。但補習班的做法是先給題目，然後再教你如何解題，層次非常低。所以聯考、基測、學測、統一的命題和統一的答案，通通都是規矩，只有能突破規矩才叫做創新。

從這個角度再來看日本，他們是一個比較守秩序、很規矩的民族，非常適合做品管，把東西精緻、規矩化。如茶傳到日本就變成茶道，唐拳傳到日本就變成空手道。舉例來說，Honda（本田）汽車有的在美國製造，有的在日本製造。有些技師會說，日本製造的車子板金很平坦，但美國製造的車子部分板金可能凹凸不平，這是因為美國是一個非常著重個人主義、非常不重傳統、強調個人突破的社會，不太重品管與紀律，而這種社會正好非常適合做研究發展。當然，這兩種文

化難分孰好孰壞，但至少在一九八〇年代前提到品管時，「規矩」變成相當重要的一環，所以那個時候講的是日本第一。但是八〇年代之後，產品品管與精緻化的重要性遞減，知識在生產過程中的重要性遞增，因此講求創新、尊重個人與多元的美國開始占有優勢，成為創新的搖籃，此即解釋了為何一九八〇年代美國成長而日本衰退。總之，相對於尊重多元、不注重規矩、非常期望個人突破的民族而言，循規蹈矩、講究精緻的民族就比較不適合研發創新。

進入二十一世紀，美國的經濟有衰退的跡象，這多少與美國的反恐政策，布希的外交布局、中東戰事、中國崛起等因素相關。不過大致而言，美國仍是研發創新潛力最雄厚的國家；詳細的討論在此不贅述。

反觀台灣，若真要推動知識經濟，還有漫長的路要走。受到日本的影響，台灣也非常注重規矩與傳統，個人主義並不盛行，不是一個非常適合研發創新的國家，尤其是最原始的研發創新。知識經濟不是一個社會運動，亦非設立一個知識經濟推動委員會即可了事。如果不瞭解知識在生產過程中扮演的角色，就不可能瞭解知識經濟，更遑論推動知識經濟方案了！第二講曾提及，早年台灣的經濟成長大部分是來自於「做得辛苦」（working harder），大家的努力造就台灣的經濟成長，而非「做得聰明」（working smarter）。working smarter 就是用比

較聰明的方法從事生產，符合知識經濟的概念。

為何知識在二十一世紀變得非常重要呢？因為人類早期的知識，例如火藥、印刷術、指南針等許多技術都是偶然開發出來的，而且當時普遍貧窮，不可能供養專業人才。第二講曾介紹包雪如對於馬爾薩斯人口論的修正，她認為夠多的人口才能支援社會的建設。如中國古代運河往往要動用上百萬人去維護，需得社會富裕到一個程度，才能養得起那些看似與生產無直接相關的人員。又如中央研究院的科學家所從事的研究，往往與下游生產活動並無明顯相關，唯有一個富裕的社會才能供養這些學者從事高深的研究。

知識受到重視的關鍵

科學家的投入是否會產出知識，不確定性極高，正如許多研發製藥的科學家，終其一生都無法研發出新藥品。由於研發創新可能一事無成，所以必須仰賴大數法則分散風險。也就是說，假設一個人創業成功的機率是 10％，成功機率很小；但若一大群人一起投資，無數個失敗的人之中，總有一個人會成功，大家平均分攤成本就可能獲利。因此，人口要足夠才能用大數法則去平均。養一個科學家的風險非常大，但養一千個

科學家就可以降低風險，而唯有富裕的社會才能養一千位科學家。知識經濟於一九八〇年代之後才盛行，正是因為此時資本主義已經孕育出一個足夠富裕的社會。像衣索匹亞那樣貧窮的國家，要從事研發創新幾乎是不可能的事；中國在戰國時代亦唯有富人才能夠養士。但是養科學家比養士還花錢，而且可能到頭來毫無成果。總之，唯有富裕的國家才能夠養科學家，並且有系統地投入研發創新。

　　科學研究、研發創新的成果，就是知識技術的增長，意即知識的創新突破。以往，勞動和資本的投入也許是生產關鍵，但至少在一九八〇年代之後，知識的成長扮演非常關鍵的角色。我們可以試著回憶：周遭有什麼事物正不停地進化呢？電腦作業系統是其一，從 MS-DOS 到 Windows 95、Windows 2000、Windows XP，幾年之間技術進步神速。此外，手機的進步也非常迅速。一九九三年的尹清楓命案，警方研判致他於死的凶器是像磚頭一般大的第一代手機，可以用來當凶器，但是現在的手機要拿來當凶器非常困難。這只不過是十幾年間的事情而已，由此可知知識的進步相當迅速。

　　第一講曾提過獵狐的例子，如果最後狐狸不是貴族抓走，而是被不相干的人抓走，貴族就失去獵狐的動力。研發知識的過程就像是獵狐，保障研發成功後的利潤歸屬非常重要。一般而言，養士、養科學家都是為了追求利潤。有了專

利權的保護，就可以確保若微軟工程師研發出新的 Windows
作業系統，其在全世界銷售所得的利潤就屬於微軟；倘非如
此，蓋茲旗下的科學家、工程師將會失去研發的動機。故若
欲使其賣命投入研發，就必須藉助專利權的保障。簡言之，
專利權就是為了確保人有足夠的誘因投入研發，知識因而得
以不斷創新。

　　承上所述，二十世紀末期知識之所以會變得如此重要，有
兩個關鍵因素：其一是社會夠富裕，才足以養一群科學家從事
研發創新的工作；其二是專利權的出現與普及，保障科學家投
入研發，創造利潤，並使那些獲得專利權的人可以獨享專利權
若干年，任何人侵犯了專利權必須接受法律的制裁。由「國家」
保障專利權亦是二十世紀末期知識經濟發達的原因。

　　知識經濟理論其實就是科技創新時代的經濟成長理論。
二十世紀末期，經濟成長的動力不是來自資本或勞動的累積，
而是來自知識的不斷創新與突破，這就是知識創新時代。當知
識居於一個關鍵的地位時，科技創新有專利權的保護，許多科
學家因而願意投入事前的研發工作。知識的邊做邊學與無敵對
性的特性，也造成了強弱兩極化，有知識的人賺的錢比較多，
沒有知識的人賺的比較少，國內如此，國際亦復如是。以上大
致討論了梭羅所述的知識經濟。

專利權的定義

　　接下來我們將探討專利權所扮演的角色。Patent 譯作專利權，所謂的專利就是指專享其利潤，目的在保障事後的果實、促進事前的研發。美國與台灣等許多國家對專利權的保障都是二十年，有長時間的利潤獨享權，所以科學家願意在事前拚命投入研發。若按照化學成分去分析藥品的成本，每顆藥的成本大概只有新台幣幾元甚或幾毛錢而已，但是藥廠一顆藥可以賣到幾百元，售價與成本的價差極大，使藥廠得以從中賺取龐大的利潤。

　　但專利權又與著作權不同。假設某人寫了一本書，著作權的保障就僅限於那本書；只要不是抄襲，後人還是可以用自己的觀點去寫類似主題的書。例如經濟學導論、經濟學入門、經濟學概要等同領域，不同類型的經濟學相關書籍，可以被允許同時存在。但專利權用來保障知識就很難如此寬容，因為知識本身難以被界定。專利權越模糊別人就越難侵犯、越具體的專利權受到的保障就越小，因此，研發者當然希望專利權保障的範圍越大、越模糊越好。但也因知識難以被界定卻又應該受到保障，所以無可避免地會產生一些後遺症。

　　例如製藥，專利權可能使特定藥廠成為某藥品在市場上

的唯一銷售者，形成所謂的壟斷。在市場上沒有其他競爭對手及競爭壓力的情形下，該市場恐怕不會有亞當斯密所謂「看不見的手」的降價競爭壓力，藥廠遂可將藥品的售價訂得極高。一般而言，商品一旦出現獨占，往往會由公權力介入管制，但是專利權卻反其道而行。憲法第一百四十四條規定：「所有公用事業及其他有獨占性的企業，以公營為原則。」因此，水、電、瓦斯等產業都必須以公用事業的形式去經營，例如台電與中油。這即是為了避免若這些事業交由私人經營，價格可能會被哄抬。假設現在每一度電的價錢是兩萬元，瓦斯每一立方公尺要價六千元，這勢必會影響到人民的生活，為了秉持憲法所述之照顧國民生活的原則，此時政府就會介入管理。

有些資源屬於「自然獨占」，例如水、電、瓦斯等。自然獨占的定義是：假設現在有一根管線，它用來服務的對象越多，平均下來的成本就越低，這就形成自然獨占。假設現在有一根瓦斯管線經過你家的巷子，如果這條巷子的住戶只有三戶，那這條瓦斯管線的維修成本就必須由這三戶人家來承擔。但假如瓦斯管線經過三百個用戶，維修成本由這三百個住戶平均分擔，每家負擔的費用就很低。再假設有三萬個家庭使用同一條瓦斯管線，這樣平均下來的成本就更為便宜。所以像瓦斯這一類的事業，它服務的對象越多，成本就越低，很容易就可以打敗服務對象少的競爭者，形成自然獨占。

　　所謂「不自然獨占」，是指透過種種不正常的手段打擊對手，讓對手無法生存，最終形成獨占。假設在我開了一家便利商店不久後，隔壁也新開了一家，為了打擊對手，只要有人開店我就請黑道來，如此一來任何人都開不了店。又假設我是汽車經銷商，當有其他的競爭者進入市場時，我就持續推出半價策略，直到對手倒店為止。專利權也是另一種不自然的獨占，它是國家保障的一種法定獨占，但未必不是一件好事。當只有一家公司獨占市場時，它就沒有競爭壓力，自然也沒有提升效率的動機，所以訂價通常很高，這並不是我們所樂見的情形。

　　專利權雖然保障的獨占，卻是為了促進事前的研發創新所設計出來的必要之惡；唯有給予研發者足夠優渥利潤的事後專利保障，事前他才有動機冒險研發創新。是以明知獨占市場不好，國家還要用專利權予以保障。假如專利權限只有半年，回收成本可能都有困難，更遑論獲利，根本不會有研發者願意從事創新。所以目前許多國家的專利權期限都是二十年、十五年或是十年。

專利權的迷思與爭議

　　即使專利是一項必要之惡，目前其發展仍尚待改進。如

果回到原始的設計目的來看，政府保障專利是為了研發創新，研發創新是為了創造累加知識，而知識則是為了提升全民的福祉。然而許多專利的保障卻非如此，製藥即為一例。賦予製藥專利權形同阻止拯救生命，但生命是基本人權，國家怎能以保障研發創新之名剝奪呢？這不符合我們在第四、五講所強調的人本主義。

　　非洲南部一個名為波札那（Republic of Botswana）的國家，境內有三分之一的人口感染愛滋病。雖然目前美國已有雞尾酒等階段性抑制愛滋病的療法，但貧窮的波札那卻沒錢購買藥品。當世界上許多大藥廠都在努力延伸「跨國專利」時，波札那的孤立無援對比之下顯得十分諷刺。因為專利權是國家主權穩定到某個程度後所發展出來的，唯有當國家主權大到一個程度時，才有能力跨國執行專利。如台灣早年常被美國用三〇一法案制裁不公平貿易，理由是台灣未盡力保護智慧財產權、而美國想要保護其境內智慧財產權的海外收入。當微軟的盜版越多，比爾蓋茲的獲利就越少，而正版軟體的銷售量越多，比爾蓋茲的獲利也就越多。因此美國會對台灣施加壓力，希望台灣政府取締盜版。無法拯救生命的微軟軟體受到專利保護，而可以拯救生命的藥品卻也受到專利權的保護，是否令人難以接受？

　　從這個面向我們可以看出其中的問題。以前一陣子台灣衛生署自行製造流感疫苗為例，這個疫苗是採用學名藥（generic

drug）製造出來的。一般申請專利的資訊必須公開，而學名藥的方法就是利用原藥廠在申請專利時所公開的一些資訊來製藥。假設我經由研究知道 ABC 三種元素相加時，在某種溫度下可製造出愛滋病的治療藥物。當我要為此申請專利時，就必須將這些資訊交給台灣的專利局，一旦專利申請通過後，這些訊息就會變成各國公開的資訊，只是這個資訊不被允許用來製造生產罷了。

在何種情況下可以允許自行產製這些藥品呢？假設禽流感或流行性感冒嚴重威脅台灣安全的時候，法律就允許透過學名藥所提供的資訊，自行產製流感疫苗。只是許多國家、尤其是歐美國家，卻希望能阻止學名藥，因為自行製藥的技術門檻不高，化學成分的成本也很低廉，他們當然不希望別的國家利用申請專利的資料自行研發製藥，甚至希望專利權能由二十年延長至三十年。於是這些國家在 WTO（世界貿易組織）之下通過了一個「與貿易有關的智慧財產權保護」（TRIPs, Trade-related Aspects of Intellectual Property Rights）協定。WTO 原本管轄範圍僅限於貿易，與智慧財產權的保障無關。但卻有一些藥廠透過關係層層施壓，遊說 WTO 將 TRIPs 納入 WTO 管制的範圍，試圖透過 TRIPs 阻止學名藥的製造。在 TRIPs 協定通過之後，只要波札那偷偷製造愛滋病的學名藥，就會被指控違反 TRIPs，必須接受各國的貿易制裁。而若台灣因自行產製

禽流感疫苗而違反 TRIPs 協定，美國與歐盟亦會對台灣進行貿易制裁。TRIPs 將專利權與貿易結合，使得許多國家從此不敢製造學名藥，其帶來的後果便是：很多人可能因此死亡！

在波札那事件中，美國小布希總統始終袒護藥廠，這可以證明藥廠遊說政客，希望藉由通過 TRIPs 阻止學名藥的生產。波札那的情況與台灣不同，假設今天 TRIPs 不允許台灣自行製藥，要求我們只能向藥廠買藥，因為台灣相對於波札那較為富裕，較能負擔這筆支出；但波札那的國力羸弱，根本無法負擔藥品的支出。這些遊說 TRIPs 的人辯稱他們怕小國自製藥品然後反銷美國，所以才不希望有自行產製學名藥的情況。但就自製藥品反銷美國這點而言，波札那幾乎不可能辦得到，因為美國對於進口藥品的管制相當嚴格。藥廠透過 TRIPs 壓榨波札那，違反我們在第四講、第五講所提到的基本人權。美國人一再強調生命價值、所有人都生而平等，難道波札那的人命就沒有價值嗎？生命是基本人權、是王牌，藥廠的利潤不應該無限制地受專利權保護。

目前專利權仍有許多其他的缺點，例如有許多藥廠利用專利權阻止他人創新，這種方式稱為 patent shelving。[3] 舉例來

---

3 patent shelving：shelf是指書架，而shelving就是放到書架上的意思，所以 patent shelving是指在申請一個專利之後，卻永遠不去使用它。

說，假設微軟發明方法 A 改善電腦操作，但發現透過 BCDEF 等方法也能達到 A 的效果，所以除了方法 A，也將 BCDEF 等幾種可能的關鍵技術申請為專利，把其他能達成 A 效果的方法全部堵起來，儘管它再也不會使用 BCDEF；這麼做的目的當然是為了賺錢。所以申請專利的目的有時並不是為了供研究使用，而是為了設置路障，這種情況占三分之二以上。申請專利卻不使用，不但阻斷許多人的創新，也減少知識的使用，這是一個非常大的缺點。

此外，像是中醫草藥這類傳統醫學，目前有許多歐美國家都在研究。在越落後、越傳統的國家裡，流傳的民俗療法越多；在眾多的民俗療法中，他們通常只知其然而不知其所以然，但這些有用的療法早已行之有年。我們知道感冒喝薑湯有助於改善病情，假設有個耶魯大學的科學家發現，薑的某一個 X 元素對治療感冒很有幫助，他就將這個發明申請為專利，在他申請專利之後，我們就不能將生薑拿來製藥；換言之，我們早就知道生薑可以用來治療感冒，但是在西方科學家拆解、分析、重新組合後，生薑含有 X 元素被申請為專利，於是他們用我們早已知道的事情來限制我們。對於那些比較落後的國家，他們的優勢在於對草藥功能的瞭解，而不是在於科學的分析；可是在專利的概念之下，對草藥「不知其所以然」不能申請專利。落後的國家對草藥「知其然」，「知其所以然」的卻是

先進國家，於是先進國家能將之申請為專利，然後再回過頭來剝削那些早就「知其然」的國家，這非常不公平。

歷史上有許多科學家如牛頓、愛因斯坦、華森等的重大發明都沒有申請專利，大藥廠卻申請數萬件的基因定序專利，這也是一件非常不合理的事情。透過基因定序，人類的基因指令可以被解讀為一長串的密碼序列，並清楚標記出它們在染色體上的位置。若干藥廠就在基因定序的過程中，將這些基因密碼申請為專利。但為何我的基因次序可以被拿去申請專利呢？

印度有一種樹叫做苦棟樹（neem tree），幾百年來，當地人都知道這種樹可以萃取出印棟油（neem oil）作為除蟲美容之用；但是在一九九〇年歐美國家取得專利後，他們在印度包下一整片森林，萃取苦棟樹的油，然後外銷，從此印度人就不能再賣這個油，也不能拿它來做美容除蟲之用。明明印度人早就知道這個功效，這非常不公平，卻也無可奈何。

要如何去改善專利權引起的不公平情況呢？

第一個方法就是對不同國家訂定不同的專利收費標準。假設愛迪生申請發明電燈的專利，發明電燈這件事對你我都有幫助，所以我們使用電燈必須付費，這是行得通的，但要付多少錢視我們的能力而定。如果按能力課稅，貧窮如波札那的國家，就應該課徵較少的稅，或是設定售價即為成本，以便宜的價格讓波札那使用學名藥，這是一種「量能課稅」的概念。

第二個方法是禁止「再發現」（Rediscover），亦即對那些已知的事實，應該禁止申請專利，例如前述之草藥，因為那不是真正的知識創新。「創新」在字典上的定義是指對於未知事實的探索，然而「再發現」並不是探索未知的事實，而是把已知的事實公式化。

第三個方法是限制「申請專利但未予使用」（shelving patent）的數量，像微軟和許多藥廠，不論他們有無實際生產，都申請了相當多的專利，所以應該限制各單位、公司、集團申請專利但未予使用的數量。假設申請的專利有一千件，那一千件裡頭就必須要有四百件是用於生產，如果沒有達到此項門檻，就不允許再申請專利。

第四個方法是將專利權與貿易脫鉤，也就是廢止前面談到的 TRIPs。

第五個方法是訂定專利權展期費（renew fee），雖然世界各國都有展期費的設計，但成效並不大，例如在美國，如果你在取得專利權後的半年申請延長，需要付九百一十美元，第七年半時要付二千零九十美元，第十一年半時要付三千二百二十美元，但是對於藥廠來說，這些都只是九牛一毛。

最後一個方法是交由法院判決，進行專利審查。專利申請時僅是做初判，後續的判決應該交由侵權的雙方舉證。法院不應只是消極認定「此項專利是否有被侵犯」，而應積極裁決「目

前此案的專利保障是否合理」。美國有一個關於拍立得與柯達的有名判例。拍立得擁有立即顯影的技術,同時也申請了許多專利,柯達試圖繞過拍立得所設下的路障,但是沒有成功,最後雙方對簿公堂,柯達列舉了許多他們企圖繞過拍立得所設的路障之事證,但是法院最後判決柯達敗訴。這正是法院消極認定的典型。

專利規格化與開放原始碼

接下來介紹標準規格的專利。當視窗的使用者越多,它的銷售量就愈高,因為軟體之間有一致性,當彼此相容度高時,使用視窗操作檔案就會變得很方便,這是規格的問題。某個東西的專利期限太久,就可能會變成規格,一旦成為規格,即便二十年的專利期限早已過期,但因為此項專利已經規格化,變成一項標準,潛在競爭者進入的障礙相當高。

這時候唯一有可能打敗視窗的就是 Linux 這類系統。微軟是一家擁有優秀人才的公司,它能設計出一流的電腦軟體,令其他公司難以匹敵。但是當軟體遇到 Bug(故障)的時候,微軟只能靠自己的工程師不斷地進行測試,才能發現系統的問題。反觀 Linux 是一個開放原始碼(open source)的作業系統,

任何人都可以參與 Linux 的測試與修正，這使得這套系統得以
借助六十億人的力量持續升級，這就是開放原始碼的好處。所
以當政府想要抵抗專利權的剝削時，包容並協助開放原始碼的
發展不失為一個好方法。

　　專利權保護是開啟二十世紀末知識經濟時代的關鍵，但專
利權也產生一些社會問題，陳述在前節之中。以下，我們要解
說知識經濟時代伴隨而來的一些其他社會改變。

知識經濟的前景與隱憂

　　梭羅觀察到美國成長、日本衰退以及各國的所得分配不
均後，然後他用「知識」這個簡單的概念去解釋這些現象。知
識在生產過程中原本就占有一席之地，只是在一九八〇年代之
後，它扮演的角色變得非常關鍵，資本和勞動的角色相對淡化
許多。

1. 數位落差

　　在知識經濟時代，貧富幾乎注定會越來越不平均，如同前
述之 M 型社會，貧者越貧、富者越富是未來的趨勢，面對這

樣的情形，除了提供事後的救濟，事前必須讓貧弱者有機會接觸知識。例如以前若要改善原住民的教育水準，可以在偏僻的山區興建學校，並請一些熱心的老師去教導他們，使這些原住民的小孩至少還可以接觸基礎教育，這是對他們的保障。但是現在，假設知識的習得有 40％來自老師，60％來自網路，則為了保障原住民，除了建學校和聘請老師，還必須提供網路，否則就等於排除了將近 60％接觸知識的機會，如此便是違反原住民的基本人權。偏遠地區接觸數位知識的難度，遠比都會地區高，這種落差稱為數位落差（digital divide），許多國家希望協助克服這種因為環境的不同，所造成的知識落差。

2. 新興產業

　　知識經濟有哪些特性與後果？從實際層面來看，大致可把經濟分成三塊，分別為與電子和電腦位元有關的 bytes（位元組）、與生命和生物科技有關的 genes（基因）、以及 atoms（原子）之類的傳統產業。電子資訊科技和生物科技這兩類產業在一九九〇年代大幅成長，此事眾所皆知，所有的新知識也大多展現在生物科技與資訊科技的發展上，其他的大概就是在傳統產業上。知識經濟是什麼呢？知識經濟往往是指位元組、基因及原子三者之間互補互換的關係，不一定就是電子科技或生物

科技。醫療、電子政府與電子商務皆是知識經濟的範疇。

舉例說明，治療糖尿病必須施打胰島素，注射胰島素就是打一個原子進去。而生物科技是在尋找糖尿病發生的原因；糖尿病的病因也許與基因有關，是因為某段的基因中有一個開關沒啟動，造成胰島素不能正常分泌。生物科技將基因定序後，找出每個基因點的功能，於是就能知道哪個點負責啟閉胰島素的分泌功能，並使用電擊的方式，治療那個出問題的基因，使其能夠正常啟動開關。所以同樣是治療糖尿病，傳統的做法是使用原子治療法，而生物科技則是使用基因治療法。

電子政府也是知識經濟的範疇，例如原本申請戶籍謄本要到戶政事務所，現在只要上網輸入密碼或身分證字號，就能透過電子政府直接在網路上申請電子輸出。電子政府就是把原來要去戶政事務所的勞動變成位元組。

電子商務可以用兩個例子說明。現代常見的網路購物，便是最基本的電子商務。電子商務將來會變得非常複雜，例如《時代》（Time）雜誌這些在國外出版的書籍，如果想在台灣銷售，原本必須先在紐約完成印刷，然後再運送來台販售。這種作業方式在電子商務出現以後有了改變，現在只要將書稿的電子檔傳送到台灣就可以同步完成印製。電子商務是把原本屬於原子的雜誌運送，變成位元組的運送；也是把原本的逛街購物，這種需要走路、絕對是原子的事情，變成位元組。

因此，知識經濟的轉變很多樣，它不見得是位元組或是基因，絕大多數都是位元組與基因之間的互換。例如佛里曼（Thomas L. Friedman）在其著作《世界是平的》（*The World Is Flat*）中提到跨國分工組合的例子：美國醫院透過網路將待分析的 X 光片傳到印度，由印度的解析師代為解析 X 光片上的種種訊息，這種細節的技術性分析工作，替美國醫師省下不少工作。美國醫生下班後，將 X 光片傳到印度，此時正值印度的清晨，當印度解析師完成解析後，再將已分析好的 X 光片傳回美國，這時美國的醫生正要開始上班，他們就可以解讀那些已經印度解析師分析的 X 光片。在沒有位元組的時代，或是網際網路、資訊科技不發達的時代，這種跨國分工組合幾乎不可能發生。因此整個知識經濟的時代，是透過位元組、基因、原子三者之間的互換來創造可能。

3. 工具理性

然而知識經濟的另一項缺點就是容易迷失。所有的新知識皆須透過科技研發才得以進行，但科技研發要成功必須仰賴分工。第一講提及的何欽思校長，他認為科學的本質即是分工，科學就是把一塊東西分成精細的片斷，然後專注且深入地研究之。但是盲目執著於瑣碎的分工反而容易忽略原先的目的，或

者根本就不知道目的何在。社會學家韋伯對此也提出批評,他認為切割投入於科技或科學就容易流於「工具理性」。「工具理性」是指專注於工具的道理和效率,卻忘了工具背後的目的。工具是相對於目的的。當我們學教育學時,會討論何種教法、教材以及教學評量才能達到最好的教育效果,這就叫做工具。倘若不停地尋找最好的教材、最好的教法以及最好的教育評量,目的卻是為了將學生訓練成最好的武裝暴動者,這就不符合目的理性,而是工具理性的盲點,就是迷失。雖然這是最極端的例子,卻也是典型的工具理性。有許多科學家容易走向狹窄的研究道路,最終因而迷失。

中央研究院某所的某位科學家,最近在做果蠅的研究。他是如何做研究的呢?當他知道果蠅的基因定序後,也慢慢知道果蠅每個基因點的功能為何。他對果蠅的某個基因點做出電擊,如果果蠅長出四對翅膀,他就知道被電擊的那個基因負責翅膀的生長;又如果電擊另一個基因後,果蠅長出八隻腳,就可以知道這個基因的功能是長腳。這位科學家認為這個方法相當有用,因為藉此我們就能慢慢瞭解每個基因的功能為何,然後再藉由電擊或蛋白質培養,就可以改變基因的啟閉功能。這位科學家說如果我們能夠瞭解人類的基因定序,並且知悉哪個基因的功能是長頭,然後對此基因進行電擊,之後這個生命個體就沒有頭,而「沒有頭的人就不是人」,所以可供器官移植

之用。這是相當噁心的事情。似乎認定一個人之所以是人，差別只在於有沒有頭，如果今天一個人沒有頭，那就不是人了嗎？就可以將他切割打包挪供器官移植之用嗎？這就是不思考問題本質，只看事件成功與否的工具理性。

4. ELSI

我們可以複製人類嗎？有的科學家聲稱他們在實驗的過程中，三次失敗一次成功是正常的比例。但複製人的實驗，假如失敗了該怎麼辦呢？這不像培養皿中的細胞實驗失敗了，可以隨便丟進垃圾筒處理掉。複製人是非常複雜的事情，不能只是整天思考要如何複製才會成功，也應該要設想到複雜的後果，因為這牽涉到人。所有的知識都是為了人而存在，科學研究當然也不例外，將人本的概念套用於科學原則上也是正確的。任何一項科學研究的目的都不可以脫離提升人類福祉的宗旨，這是分工最原始的目的。有許多生物研究特別注重 ELSI（Ethical, Legal and Social Impact），意即生物科技也要研究倫理、法律以及社會衝擊，全世界所有的生物科技都要研究 ELSI，這已經成為一個常態。

生物科技包含許多具爭議性的領域，例如複製人可不可行、是否可以做幹細胞（stem cell）研究。造血幹細胞存在於

嬰兒臍帶血，它的複製能力非常強，而且少有折損。美國禁止幹細胞的相關研究，該領域的專家無法在美國發揮長才，願意轉向其他國家做研究，也因此台灣的中研院可以聘到許多生技界的頂尖人才。那麼幹細胞的研究可不可以做呢？

當有許多政策我們不知道該不該或可不可以做的時候，可以借用政治哲學的思辨方法。德沃金認為對於未知的事情，應當回到無知之幕的背後，問自己是否願意繳納稅金補貼幹細胞的研發。這有一定的風險，但也可能有某一些成果。很多事情是未知的，需要非常綿密的對話與溝通。

國內有些生物科技的研究者，經常關起門來討論限制幹細胞的研究合不合「比例原則」，我對於這種說法不以為然。比例原則來自情境哲理，而情境哲理來自十八、十九世紀的經驗，當時不存在幹細胞的概念，將現有的比例原則知識套用於幹細胞研究上是毫無意義的事。在現有比例原則的概念之下，翻遍所有的文獻，也找不到與幹細胞研究相關的潛在風險。討論該不該從事幹細胞研究時，應該要回到上游政治哲學的層面，而不是回到下游「比例原則」的概念。幹細胞研究是嶄新的課題，目前學界比較大的共識就是要對話溝通。假設你硬要深究「限制幹細胞研究符不符合比例原則」，這就正好落入孔子所說的「思而不學則殆」。

§ 推薦延伸閱讀 §

Thurow, Lester (1998) *Building Wealth: The New Rules for individuals, Companies, and Nations in a Knowledge Based Economy.* New York: Harper Collins. 中譯本：梭羅著，齊思賢譯（2000）《知識經濟時代》，臺北：時報。

Stiglitz, Joseph (2006) *Making Globalization Work.* New York: W.W. Norton and Company. 中譯本：史迪格里茲著，黃孝如譯（2007）《世界的另一種可能》，第四章，臺北：天下文化。

第 **12** 講
網路時代與網路效果

前　言

　　二十世紀人類文明產生若干變革，包括二十世紀末的知識經濟和網際網路，本書會陸續探討其他變革，在此先介紹網路時代與網路效果（network effect）。

什麼是網路效果？

1. 網路效果的概念

　　如第十一講中所述，人類歷史上很少出現規模報酬遞增的情形，絕大多數是遞減的情況，且複製生產過程的效果通常不如預期。進入知識經濟時代之後，由於知識的特性使然，讓人可以輕易創造出規模報酬經濟中的「複製」效果。

　　第十一講也提到「規模經濟」的觀念，是指生產量與銷售量愈高，平均成本就愈低的經濟法則。例如自來水、瓦斯、電力公司等就有此種大規模的優勢。同樣的一條管線，用戶數量愈多，每戶分攤的成本就愈低。但「網路效果」則是不同的概念。網路效果是需求者（使用者）越多，你加入使用的機率

也就越高。簡言之，規模經濟的重點在於使用者越多，平均成本就越低；而網路效果則是使用者越多，需求就越高。換句話說，規模經濟是生產技術面的一個特性，網路效果則是需求面的。如果全世界只有五百個人使用網路，也許你我就不太想使用網路了，因為即使連上網路，所能聯絡的對象也極為有限，資訊量也不多，想找的資料可能都找不到。現在人人願意使用網路，是因為有超過五億人在使用，上網聯絡朋友的便利性大增，找到資訊的機率也增高，因而使用網路的意願也就跟著增加。這就是所謂的網路效果。

2. 網路效果實例

以下試舉六個例子來協助各位瞭解網路效果的應用。

例一、電腦鍵盤的設計

網路效果絕對不僅發生於電腦「網路」而已，古今中外的現實社會裡有許多事物、現象同樣具有網路效果。例如現今廣為流行的 QWERTY 鍵盤，背後就有網路效果的影子。

以前的打字機上每個英文字母都配有一個字柄和按鍵，按不同的字母鍵，其字柄就會向上抬起打在紙上；如按 m 鍵，

m 字柄就會打在紙上。不知大家有沒有注意到，a 是常用的字母，但是它的按鍵卻位在鍵盤較左下的位置，適合左手小指按的地方。但對於大多數的人而言，十指中最沒有力氣的就是左手小指；而 m 也是常用的字母，卻也放在須將指尖移往下一排的中間。所以要打 a 或 m 並不是很便利。

既然 a 是常用的字母之一，為什麼要把 a 鍵放在不易按觸的地方呢？這要回頭看早年打字機的設計，如果打 a 和 m 兩個字打得太快（任何字母群組也是一樣），a 和 m 的字柄會來不及運作，彼此「卡柄」。卡柄之後，打字者必須暫停，將打字機退一格或兩格，重新打上 a 與 m，可謂「欲速則不達」。若要避免卡柄，就要避免使用者打字速度太快，因此只好把 a 鍵放在最不方便按到的地方，也就是左手小指之處。易言之，QWERTY 鍵盤最初就是設計來減緩打字速度，以遷就機械設計上的限制。有人曾經估計 QWERTY 鍵盤不順手的設計，會讓職業秘書的手指一年下來就多移動了三十公里。

電腦出現之後，打字就不再有夾柄的問題，且電腦處理的速度遠遠勝過人類打字的速度。照理來說，電腦出現之後，這些讓人打字變慢的鍵盤設計應該就會消失，由能加快打字速度的鍵盤設計取而代之。但是為何市面上仍未出現這種新鍵盤呢？此正與網路效果有關。

當市面上沒有人使用新的鍵盤，也就沒有廠商會生產新的

鍵盤；既然沒有廠商生產新的鍵盤，就不需學習新鍵盤的打字方法。沒有人使用，就沒有人生產；沒有人生產，就沒有人去使用。如果大多數的人都使用 QWERTY 鍵盤，廠商就只會生產 QWERTY 鍵盤，也不會有其他鍵盤的需求出現，這就是鍵盤使用的網路效果。想要打破這一點，就必須改變原有的使用習慣。例如我們可以申請專利，讓使用者可以在電腦開機時，依照個人喜好和習慣，設定每個字母在鍵盤上的位置，產生更有效率的新鍵盤型式，取代原來不順手的 QWERTY 鍵盤。

總之，QWERTY 在市場中占有優勢，是因為 QWERTY 已成為一種規格（大家都會、也想要使用的）網路效果，而規格不容易被打破，唯有創造一個與規格相容的東西，才可能將之擊敗；而相容是指新的鍵盤可以設定為 QWERTY 或其他型式，如此一來就沒有使用障礙，隨著時間來改變 QWERTY 規格。

例二、都市、聚落或園區的形成

以科學園區為例，假設原本選擇在新竹或桃園建立科學園區並無太大的差別，桃園有國際機場，可能更適合。然而，如果有若干廠商事先選在新竹設廠，後來的廠商也會傾向在新竹設廠，因為新竹的夥伴比較多，便於相互聯繫。等到新竹的廠

商越來越多，其周邊的銀行、郵局、學校、超商等，也會跟著
在新竹設立營業據點，使得該地區的機能性越來越強，越來越
吸引人，後來的廠商就更傾向在新竹設廠，這就是都會形成的
網路效果。新竹的被使用性越多，人就越多，就會打敗桃園成
為科學園區。簡言之，越多人選擇在某一區設廠或設籍，就會
吸引後來者更傾向選擇該區。

　　歷史上幾乎所有城市的興起，都有網路效果。美國的首都
華盛頓位於東部，是因為當初由歐洲來的移民從東岸登陸；中
國的首都多在西安、洛陽或北京等地，原因也是發跡於關中、
河南與河北的政權多。首都既定，即使後來有更適合的地點，
也不容易遷移。

例三、內燃機的發展

　　許多科學發展的方向也受到網路效果的影響。當初人類發
展內燃機時，既可以使用蒸汽引擎，也可以使用汽油引擎。就
發展技術而言，蒸汽引擎也許比汽油引擎好。但就當時環境條
件的便利性而言，也許加油比加水來得方便，所以汽油引擎一
開始便略占優勢，使用的人也比較多。再者，因為使用的人較
多，讓汽油引擎的技術工程師有較強的動機去研發，這使得汽
油引擎不斷改進，使用者隨之增加。此時增加的原因倒不見得

是因為已經有很多人使用，故一窩蜂地跟隨，而是引擎改進之後的效率更好，人們選擇效率高的規格，久而久之便取代了蒸汽引擎。因此，越多人使用汽油引擎，就會吸引更多人使用汽油引擎；這即是印證技術發展的網路效果。

就環保的角度來看，如果歷史倒回兩百年前，也許人類當初該選擇蒸汽引擎，但歷史沒有如果，越來越多人使用汽油引擎後，使蒸汽引擎再也「回不來」了，此即科學發展的網路效果。

例四、食物物種的演變

二百年以前，人類食物的主食物種有上千種，其中小麥有數十種，蓬萊米又有數十種。然而在某個時點，人類偶然發明了一種農藥，可以用來對付甲品種上的害蟲，使甲品種的產量大增；於是，便有更多的農夫改種甲品種。此時，若科學家又能預防甲品種的另外一種病變，則由於甲品種的農戶多，其邊際效益便會比乙品種或丙品種更大，這將使得科學家更加投入甲品種的病蟲害防治研究，進而不斷提高甲品種的收益。如此一來，乙、丙兩品種便會因為種植者越來越少而逐漸消失。這就是物種繁殖的網路效果，也是生物多樣性（biodiversity）下降的原因之一。

　　此外，人類文化其實是減少生物多樣性的主因，除了與大自然爭地且為生活所需而改良動植物品種，人類保育的對象通常是人們所喜愛的動植物，如可愛的大貓熊、美麗的金錢豹，或作為主食的動植物，而不會是長角的毛毛蟲，以至於人類的文化演化取代了自然界的基因演化。

例五、貨幣種類的流通

　　世界上多數的國家幾乎都只使用一種貨幣，極少同時使用多種貨幣。假設金或銀都可被當成貨幣，但是對個人而言都只是暫時保有，並非喜愛它們。一群人究竟要使用何種貨幣，端視交易雙方的意願而定。

　　如果社會願意接受金子的人比較多，我就願意賣出我的商品換來別人的金子，因為以後我用金子再去買別人的東西，別人接受金子的機率也較高。如果大部分的人都收金不收銀，那麼我也只收金不收銀，久而久之社會上流通的貨幣就會是金子，這是貨幣演進的網路效果。

例六、拼音系統的使用

　　拼音只是一種工具，目的是要拼出文字。例如漢字拼音系

統，若要使用哈佛圖書館的查詢系統找資料，輸入「朱」這個搜尋字時，拼音要打中國大陸漢語拼音的「ZHU」，還是台灣威翟拼音系統（Wade-Giles system）[1]的「CHU」呢？這時候就要看哈佛使用哪一種拼音系統。

當越來越多的人使用漢語拼音，學會漢語拼音後的溝通效益自然會比較大。這無關政治，純粹是「形勢比人強」。如果全世界使用漢語拼音的人比較多，尤其在美國國會圖書館宣布只接受漢語拼音之後，拼音的網路效果就逐漸形成，使用漢語拼音也就是情勢所趨了。

3. 網路效果的特性

網路早在 internet（網際網路）開始普及前就存在了，網路是人與人之間雙向互動銜接的整體，整體的互動越頻繁，對個體就越有利。電腦的網際網路普及後，使得互動更為頻繁，而網際網路的效果也隨之日益擴大，不過這也讓人忽略了其它

---

[1] Wade-Giles（WG）拼音：台灣目前最常見的拼音法，幾乎所有的地名都依此為準，多數的人名也依此，甚至於地址跟路牌大部分都用。這套拼音系統乃英國駐華外交官 Thomas Wade（威妥瑪）在十九世紀末所訂定的，後來經由著名英國漢學家 Herbert Giles（翟氏）修訂，故稱為 Wade-Giles system（威翟系統）。一九七九年美國與大陸建交以前，這是英語系的國家最常見的中文拼法，現在大多已被漢語拼音取代。

的網路效果，以上所舉的六個例子，希望能裨益讀者理解什麼是網路效果。

歸納而言，網路效果有幾個特性：

其一是報酬遞增。當某個東西有越多人使用，就會有更多人去使用它。有越多的人使用網路，就會有更多的人去使用網路，而網路維持的平均成本就會下降。

其二是內鎖（lock-in）。一旦使用率達到極端，就難以脫離。例如汽油引擎若占了九成以上的市場，就很難去改變這個現狀；又如 QWERTY 鍵盤為大多數人所使用，也很難有所改變。

其三是可能的無效率性。例如其他形式的鍵盤可能比 QWERTY 鍵盤有效率，然而一旦大家都使用 QWERTY 鍵盤，就被內鎖了，儘管它的效率並非最高，我們仍無法改變。

另一個網路特性是網路串聯與同步行動。一九八七年美國股市大崩盤，就是因為這種網路特性造成的。由於各大法人都有保險基金，而且買的股票種類非常多，無法一一個案管理，於是設計出一個「拋售判斷程式」。這個程式有個特殊設定，例如「甲情況發生」則拋售 X 股票一千張；意即當某件事情發生時，就賣掉某家公司的股票多少張。但是各法人的「甲情況與 X」互為因果、彼此牽動。假設全世界的原油價錢上漲超過 3％，A 公司就賣出台塑股票一千張；另外一家 B 公司則設

定台塑股票有異常現象時就把中概股股票賣掉。所以 A 公司的決策會影響台塑股票，B 公司的決策又受台塑股票的影響，兩家公司彼此互相牽動。一九八七年美國股市大崩盤，就是因為這樣的連鎖程式造成的。連鎖同步行動在以往不可能發生，但網路出現後就可能發生了。

第一講曾經提到，一九九七年亞洲金融風暴也是因為網路的影響。網路發達使得金融交易下單快速，接連幾年泰國、韓國、印尼、菲律賓的貨幣都大幅貶值。有論者將貶值的結果歸咎於「熱錢總司令」索羅斯，因為他公開預測泰銖會貶。如果你相信泰銖將來會貶值，根據高賣低買原則，你現在就會賣掉泰銖，等到將來泰銖真的貶值的時候再買回。例如你預期台幣會貶值，今天先用三十元台幣換一美金，明天再將這美金換回四十元台幣，如上一來便可從中賺取匯差；如果大家都相信泰銖會貶，則泰銖的供給就會上升，結果造成泰銖真的貶值，這種現象即是第一講所提「自我實現的預期」，其中網路時代的串聯非常關鍵。索羅斯說泰銖會貶，大家就賣泰銖，造成泰銖的供給增加，也就是說如果有一個人能透過網路呼風喚雨，取得多數人的信任，並且誘使大家同步採取行動，那麼他的預言就會實現。

與英國的中央銀行英格蘭銀行的戰役是索羅斯的著名事蹟之一，他曾放出英鎊將會貶值的風聲，大眾信以為真便爭相拋

售英鎊,造成英鎊貶值,結果連英格蘭銀行也無法以「對買」來力挽汪瀾,[2] 最後索羅斯及其信眾就大賺了一筆。後來索羅斯也以相同的手法去「打」泰銖和其他亞洲貨幣,並從中獲利。

網路時代的衝擊與商機

1. 網路一元化的衝擊

　　網路效果最後會讓許多選擇收斂到只剩單一種類。單一種類的相反就是「多元性」,我們希望許多東西都保有多元性,尤其是人文方面。然而,網路效果影響了生產技術、消費等層面,便令人不得不擔心是否會因此侵犯到文化的多元性。書法藝術的發展即為一例。

　　大家都瞭解,書法藝術是源於寫字、寫信、寫文章。但是在電腦發達、網際網路普及的時代,信件是用 e-mail(電子郵件),字不是用寫的,而是用「打」的。在二十一世紀,寫字

---

2 對買:股票炒手增加或壓低股價的一種手法。同時在幾個甚至數百個以上的帳戶上收集籌碼,然後通過相互之間的買賣拉升或壓低股價,以獲得利潤或籌碼。散戶或小股民無法使用這種方法,一般而言,都是大股東常用的手法。

的人越來越少,打字的人越來越多。既然人不再寫字,書法藝術當然就會式微。

第二講曾提及,二十世紀末全球化風潮形成的原因之一,就是網路科技的發達。在全球化時代,許多人都擔心西方大國的文化會侵犯到小國的文化特色,壓縮到後者的生存空間,甚至使後者消失。但是全球化也使得汽車的代工平台延伸、市場範圍跨越國界,沒有人擔心大國的汽車廠會把小國的汽車業者逼出市場。因此,全球化對地域文化特性產生衝擊不見得是件令人擔心的事。

為什麼地區性的書法藝術受到全球化衝擊令人擔心,但地區性汽車生產就不會呢?我認為其關鍵即在於:前者擴散全球是與網路效果結合且屬於文化層面,但後者則未與網路效果結合且未必有文化影響。當全球化趨勢與網路效果連結時,就會自然產生報酬遞增的效果,使得強勢文化漸強、弱勢文化漸弱。因此,全球化本身不是問題,與網路結合的全球化才是問題。網路效果本身就潛藏著「一元化」的特性,也就會違反「多元化」的期待。

如果華人的書法藝術確實因為網路時代書寫習慣的大幅改變而式微,那要如何挽救書法文化呢?我認為可以循一個邏輯來思考:從哪裡跌倒,就要從哪裡站起來。書法的存亡既然受到網路與電腦威脅,就要靠網路與電腦拯救。

　　我曾經向宏碁的施振榮先生提出過一個建議：開發一新型電腦，名稱就叫 calligraphy（書法）。凡購買此型電腦，即提供登錄密碼，可從特定區域下載以書法為主題的螢幕保護程式。在電腦待機時，螢幕上就一筆一畫地臨摹出宋徽宗瘦金體、柳宗元體、顏真卿體、隸書、楷書、羲之體等書法，每週可以下載一種，可提供免費下載三十週。書法品皆來自故宮，既可推廣書法藝術，又可宣揚故宮文化。這就是「以網路之道還治網路一元化之害」的做法。

　　微軟的作業系統具有網路效果，並即將形成壟斷市場的結果，這是大多數人不願意見到的局面，我們要如何才能打敗它呢？或許可以用第十一講所提開放原始碼的方法，將系統原始程式碼公布在網際網路上，提供大家使用與修正，藉此結合多數人的力量來打破微軟的網路效果。

　　上述內容的「網路」是指廣義的 network，至於狹義的網路就是 internet；而 internet 當然也具有網路效果。透過 internet，資訊以及可以形成位元組的東西能便利地傳遞到全球各地；例如書本。以往是運輸原子，將實體的書本運送到全世界；現在則是運輸位元組，將電子資訊傳到目的地後，再印刷成書。第十一講曾提到，絕大多數的創新都是基因、原子和位元組之間的轉換或者結合，其中位元組最為普及。原子和基因的互換可以糖尿病從注射治療轉變為基因治療為例，但基因

絕不是一般人「玩」得起的。以現在炙手可熱的基因定序而言，需在高規格實驗室耗費大量人力、物力才能完成。美國甚至有一個基金會「懸賞」各大學，希望能研發出低成本的方法來進行基因定序，就是因為基因不是一般人能夠接觸的。所以基因無法形成網路效果，不同於位元組。屬於位元組的東西，幾乎是人人輕易上手，在未來還會有很多網路效果的變化。

2. 受網路衝擊的產業

一九九九年網路泡沫使許多與網路有關的公司倒閉。所有透過串聯而興起的活動都容易有一窩蜂的現象，之前網路產業太過熱絡，許多人爭相投入，但缺少基礎與實質的發展；缺乏實質訂單的基本面，只有消息面的熱潮注定不會長久。二〇〇三年左右，《時代》雜誌有一篇討論網路泡沫化的報導，其中談到有些公司如何抓住消費者的心、如何在網路泡沫化之下生存，像是以製造滑鼠聞名的羅技（Logitech）公司、一些日本的手機公司等；有一些公司在網路商務之外，也做了寬頻架設等實體投資，網路的泡沫化並不會影響其實體投資。

某家網路書店的老闆曾說：「我們做的不是網路事業，我們只是透過網路來經營事業。」（We didn't build a business around a website；We build a website around a business.）由此可

以思考，網路能用來輔助實體事業，比較理想的做法，是先有一個實體的事業，然後用網路來協助這個實體事業，而非想辦法把網路變成事業主體。大家都知道 Google 是免費的網路搜尋引擎，但是免費的東西要如何賺錢？其實這非常容易理解。以前沒有有線電視台時，台視、中視、華視都是無線的電視公司，而且觀眾無須付費給這三家電視台。電視台的連續劇裡插入許多廣告，電視台的收入來源就是收取廣告播放的費用，Google 也是靠廣告在賺錢。例如用 Google 搜尋時，它會優先列出有支付廣告費的資訊網站。因此，網路時代創造了許多新商機，同時也淘汰許多競爭者。

此外，網路也對報紙造成衝擊。現在越來越多人不看實體報紙，而是看網路電子報；許多企業都有自己的網頁，所以不太需要額外在媒體上刊登廣告。如果夠瞭解媒體，就會發現近五年來一般廣告的價格掉了將近四成，報紙上的廣告價格尤其明顯。這個現象有一部分與《蘋果日報》的削價競爭有關，另一部分則與網路有關。然而，（至少在台灣）比較好的媒體其實是報紙，平面媒體有比較好的分析力，以精闢的見解和深入報導取勝；然而電子媒體有較快速和較賞心悅目（如俊男美女主播）的優勢，所以要去思考如何將電視、網路與報紙結合起來。這不僅是台灣面對的問題，全世界都有這個問題，就連美國最有影響力的《紐約時報》，也必須正視網路時代所帶來的

衝擊。

　　除了報紙廣告，網路還造成產品生命週期（product life cycle）縮短。當頻寬不斷擴大、傳輸技術不斷進步時，新技術就不斷應運而生。電視從黑白到彩色，再到液晶電視和電漿電視，每一代產品的週期都很長；然而手機的發展在時空上明顯與網路發展有緊密關連，其產品的生命週期變得很短。產品週期短，便會影響所得分配和貿易結構。假設產品的生命週期很短，則創造先占者的利潤大，而製造、組裝者只有微利的份。以代工為主要業務的經濟體，可能會跟不上新的技術而喪失商機；因為才剛學會一項技術，別人可能已經在使用另一項更先進的技術，於是剛學會的技術就過時了。

　　網路還造成新的組合模式（business leverage）。例如美國第二大的網路有線電視業者美國線上（America On-Line, AOL）與時代華納公司（Time Warner）合作，亦即有線電視光纖系統業與軟體業結合，成為軟體硬體合而為一的業者。玩具反斗城則與虛擬網路玩具店結合、或是網路書店與實體書店的結合等，這些都是網路造成的新組合模式。

3. 網路商機

　　狹義的網路還產生許多附加價值。第一個是網路創造了許

多新商機，例如個人專屬新聞（personalized TV news），可以讓消費者自行組合三十分鐘的國際、體育、科技新聞，各段新聞依照點選率或重要性擷取，也可以選擇自己喜歡的主播之模擬發音。在這三十分鐘裡，都是消費者個人偏好的組合。專家預測，不久的將來每個人都可以自行設定專屬新聞，而不必忍受新聞台老是吃螺絲的差勁主播亂報新聞。

第二個是電子商務（e-commerce）。目前在台灣乃至於全世界都全力開發電子商務。十年前我買磁磚重新裝潢家裡，磁磚每一塊都是 20×20cm，而浴室有四面牆，每一面牆的面積都是 300×300cm。看到一塊磁磚要據此想像一面牆或整間浴室都貼滿這種磁磚似乎有些困難；單看一塊紅色磁磚或許會覺得很美，但若將它貼滿整間浴室，一整面牆全紅可能會令人淋浴時過於亢奮而休克。現在可以使用電腦事先模擬，並且讓消費者可以在家上網瀏覽、掃瞄和採購，不必去實體店面裡逛，也不必靠想像，這就是電子商務。

網路時代對商業衝擊最有名的例子是大英百科全書。大英百科全書一套要價一千六百元美金，它具有相當的權威性與正確性，但其權威性通常表現在細節處，旁人容易遺漏處。譬如正確記錄了某朝皇子在何年娶了第幾名側妃，卻沒有多少人會在意此資訊。一般而言，重大的歷史或事實大部分的出版者都不太會犯錯，況且也不是每個人都需要查閱如此細節的知識。

於是微軟公司買下另外一家名不見經傳百科全書的版權,將其內容掃瞄後製成光碟;微軟須付一大筆版權費,但壓製光碟的邊際成本卻非常低。該書的正確性相較於大英百科雖然略有不足,但一片光碟僅以四十九·九五美元出售,結果取得相當的市場占有率,讓大英百科全書的市占率大幅流失。雖然後來大英百科也出了光碟版,但其售價還是高達數百元美金,此舉並不能奪回市占率。

微軟買下的百科全書造成可能的無效率性,且同時產生內鎖效果。如果微軟承認自己版本的不足處,而將這些資料上傳到網路上成為開放原始碼,供大眾查閱以及修正錯誤,集結眾人的力量將缺漏補齊,就能夠發揮網路效果成為新的權威,至此大英百科全書必然會全盤皆輸。

因此,網路時代會造成企業的改變,如果企業不察、也不適時以具競爭力的定價來取得或維持規格的優勢,像大英百科全書這麼老牌且富有權威性的產品,一樣會失去它的光環。

4. 網路促成的外包與分工

網路時代也讓許多產業重組。第十一講曾提到,美國醫師幫病人照 X 光片之後,把 X 光片的電子檔傳到印度解析,然後印度的工作人員再將解析結果傳回美國。在美國解析 X 光

片的技術成本和技術人員費用很昂貴,但是在印度就非常便宜。

又如現今許多人在美國打電話訂披薩,其實是打電話到墨西哥,由在當地聘請的服務員為顧客做電話服務,因為墨西哥的人力成本比較便宜,透過網際網路使中美洲的人替美國企業做事。在台灣上網訂購一雙耐吉(Nike)球鞋,是聯邦快遞(FedEx)在幫耐吉做物流管理,而不是耐吉本身。聯邦快遞需要知道如何以最快的時間送達,所以掌握耐吉在哪裡有工廠,顧客要的貨在哪裡等可以取得的資訊後,再配合自己的運輸網絡,聯邦快遞代為管理物流會比耐吉自身更有效率。

前所未有的條碼管理(bar code management)也都是在資訊與網路發達的時代才興起的產業。透過條碼管理,每一件物品都有個代號,因此即使大賣場裡有數萬種商品,商家仍然可透過條碼掌握每種商品的存貨數量、效期、規格、補貨狀況、運輸階段、維修狀況等。有些上游公司,甚至連結各下游公司的條碼紀錄,而由電腦告知補貨時機。

網路時代的企業原則

網路時代的第一個企業管理原則是:瞭解網路時代的投資

與邊際成本。網路時代的特性是大量的固定投資和少許的邊際成本。例如有線電視的播放和維修成本其實很低，大部分的成本來自於管線的架設；一旦管線鋪設完成之後，它的使用成本（邊際成本）則非常低。

第二是現有的優勢者不要太貪心，要考慮如何靠網路效果維持現有優勢。

第三是在規格化之下，盡量貼近個人需求；前述個人專屬新聞即是一例。

第四是先占先贏，因為具有網路效果，所以必須取得先占優勢，而且先占的效果也比較持久，如前文提及新竹科學園區的形成。

最後是「規格」。彩色電視機剛推出之際，其產品有兩種規格，其一是 A 規格，畫質較好，但只能收看彩色節目，不能看黑白節目。其二是畫質較差的 B 規格，但同時可收看彩色與黑白節目。在彩色電視機問世之前，絕大部分的片子都是黑白片，故購買規格 B 能夠收看較多節目，而規格 A 雖然畫質好，但一天之中有大半時間看不到節目，因此一開始大部分人都買規格 B，於是 B 的銷路好、研發投入多、品質日漸精進，網路效果發威，不久之後就打敗了規格 A。

另一個例子則是錄影帶；一九五〇至六〇年代出生者都知道，以前的錄影帶分為 VHS 與 Beta 兩種；雖然 Beta 品質較

「好」，但最後因為 VHS 較具市場規模，以占有規格的優勢擊敗了 Beta。

數位典藏也牽涉到規格問題。現在世界各國都在做數位典藏，將書畫資料、歷史史蹟數位化。台灣故宮博物院有許多收藏非常珍貴，一旦我們在規格上沒有搶到先機，讓其他國家取得東方文物典藏的規格之後，我們將成為別人的附屬品，就算文物本身再有優勢也是枉然的。

網路還有一個特性，就是經驗性。網路的好壞唯有自己親身體驗才會知道。網路的資訊很難借助別人來整理，需要自己的整理與判斷，因為整理和判斷是合而為一的。行政院金融監督管理委員會（金管會）曾經查到一起內線交易，查到某銀行的某人涉及內線交易。金管會的官員只是用 Google 查詢這個人的名字，竟然查到這個人什麼時候在哪間公司做事等資料，最後因而破案，這實在是非常不可思議。所以如果不親自去試用現在的網路，就無法理解網路文化。

結　語

總結上述內容，所謂的網路效果就是人與人之間的關係透過聯絡、溝通而相互影響，這種影響是雙向的，單向不能叫做

網路效果。在網際網路時代，網路效果更加強化，它有三個特徵：報酬遞增、內鎖、可能無效率。在網路時代裡千萬不可著眼於小利，取得「規格」和先占優勢變得非常重要。

處於網路時代，大部分的知識都可以從網路上取得。網路能擴散知識，沒有網路就表示閉塞知識。原住民部落與學校不只是環境上有城鄉差距，知識上的落差也很大，需要非常多的網路來縮短這個差異。若網路無法與原住民聚落有所連結，知識差距將難以弭平。許多國家因而實施「國家資訊基本建設」（National Information Infrastructure, NII）計畫來協助偏遠地區建立網路，以改善資訊傳遞速度，協助弱勢者縮小知識與數位落差。

以前的資訊傳遞都是從中央到邊陲、從強勢者到弱勢者。從前革命團體首要的攻占目標就是電台，如此才能夠宣傳自己掌握了情勢，但現在就算占領了電台也不見得有用，因為電台不再是中央傳輸的關鍵。從前的歷史缺少平民史，例如醫療史、器物史等，帝王將相事蹟方是正史。在網路時代，所有的資訊是「平等」的，透過部落格等媒介，個人的聲音也可以廣為流傳。網路的社會少了階級，少了檢查管束，也少了中央與邊陲、強勢者與弱勢者的差別，但是網路衍生出來的其他問題，諸如網路犯罪等，也不容忽視。

§ 推薦延伸閱讀 §

Shapiro, Carl and Hal R. Varian (1998) *Information Rules: A Strategic Guide to the Network Economy.* Boston: Harvard Business School.

中譯本:夏培洛、韋瑞安合著,張美惠譯(1999)《資訊經營法則》,台北:時報。

第 13 講

全球化的趨勢與發展

前　言

　　全球化包含文化、歷史、政治、環保等許多不同面向。本講先從經濟面開始談起，討論經濟發展與資源配置，然後再探討其他面向。全球化時代的降臨造成兩種資源重新洗牌，一種是人與人之間，另一種則是國與國之間。

全球化的成因

　　關於全球化出現的原因，有種說法是認為全球化代表一些團體或人不斷向外延伸接觸的進程，而人類歷史的發展就是一個向全球化邁進的過程；這種說法並沒有錯，只是沒有太大的內涵和意義。人類自從進入群居生活以後，接觸的對象當然不斷往外拓展，但這與「全球」未必扯上關係。一般而言，大家都同意三個重要的原因導致近數十年來全球化速度之加劇。

　　第一個原因是運輸革命。我想起丁肇中先生的故事。丁肇中是一九七六年的諾貝爾物理學獎得主，曾赴美國留學；那個時代去美國留學的人都是坐船，搭船到美國要花兩個月的時間，聽說丁肇中在船上的兩個月時間就把美國大學的物理學相

關教科書都讀完了。胡適在《四十自述》中也提到類似的事情，他曾在某年四月從紐約返鄉，六月多才抵達台灣，所以有兩個月的時間都在海上。這表示早年任何的實體運輸都非常耗時，現在的運輸速度大幅加快。

第二個促成全球化的媒介是網路。網路普及造成資訊革命，它是資訊串聯的重要關鍵，全球各地互相連結的便利性是全球化的條件之一，而連結依靠的若不是原子，就是位元組。

第三個造成全球化的原因是重要的歷史變革；例如柏林圍牆倒塌、中國共產黨走向市場自由化等，這些歷史事件非常關鍵。假設德國柏林圍牆沒有倒塌、東歐還是共產主義、中國大陸還是一個不自由市場，那麼有許多經濟活動就無法進行；西德人無法跨過柏林圍牆往東走，日本人無法跨過中國往西走，整個東歐與中國形同一塊鐵板，擋住各種形式的發展。當這兩個地方逐漸轉為自由經濟體系之後，許多交流就逐漸暢通，於是新興的超大政經平台浮現。

WTO 的出現也是全球化的成因之一。WTO 的會員國透過共識決或票決之方式，決定 WTO 各項協定規範之內容及各會員應負之權利義務，各會員國並據此來制定與執行其國內之貿易法規。因此，WTO 也迫使各國面對一個漸趨一致的全球經貿秩序。

各國經濟發展不均與所得分配惡化

全球化使某些國家的經濟發展非常快速，同時也讓各國的資源及所得分配越來越不平均。

1. 各國經濟不均等發展

各國經濟不均等的發展情況，從表一列出的九個國家的經濟成長率就可以看出端倪。這些國家包括亞洲四小龍——新加坡、韓國、台灣和香港，與老牌的資本主義國家——美國、日本和英國，以及印度和中國。

觀察上列這些國家一九九六年到二○○六年的經濟成長率，會發現有些國家的經濟發展速度非常驚人；例如中國，它的平均成長率是 9.18%，第二個快速成長的國家是印度，它的平均成長率是 6.55%，其他國家例如新加坡、台灣、韓國和香港的成長率也都相當穩定。其中台灣於前半期的表現較佳，二○○一年之後的表現平平。韓國的情形正好相反，該國於一九九七年歷經亞洲金融風暴，所以一九九八年為負成長率，但其後的經濟成長率不斷上升。概括而言，中國和印度是經濟成長最快速的國家。

表一：一九九六至二〇〇六年九國經濟成長率

單位：%

	1996	97	98	99	00	01	02	03	04	05	06	平均成長率
台灣	6.3	6.6	4.5	5.7	5.8	-2.2	4.2	3.4	6.1	4.1	4.2	4.43
美國	3.7	4.5	4.2	4.4	3.7	0.8	1.6	2.5	3.9	3.2	3.4	3.26
英國	2.8	3.0	3.3	3.0	3.8	2.4	2.1	2.7	3.3	1.9	2.9	2.84
日本	2.6	1.4	-1.8	-0.2	2.9	0.4	0.1	1.8	2.3	2.6	2.2	1.30
中國	10.0	9.3	7.8	7.1	8.4	8.3	9.1	10.0	10.1	10.2	10.7	9.18
印度	7.5	4.9	5.9	6.9	5.3	4.1	4.3	7.2	8.0	8.5	9.4	6.55
韓國	7.0	4.7	-6.9	9.5	8.5	3.8	7.0	3.1	4.7	4.0	5.2	4.60
香港	4.2	5.1	-5.5	4.0	10.0	0.6	1.8	3.2	8.6	7.3	6.2	4.14
新加坡	7.8	8.3	-1.4	7.2	10.0	-2.3	4.0	2.9	8.7	6.4	7.6	5.38

2. 各國所得分配吉尼係數

　　表一顯示有的國家所得成長快，有的國家所得成長慢，但是全球化使每個國家的所得分配不斷惡化，吉尼係數（Gini coefficient）就是衡量這種狀況的指標。稍後我們再定義這個數字。基本上吉尼係數越大，表示所得分配不均等的程度越高；反之係數越小，表示不均等的程度越低。

　　表二列出各國所得分配之吉尼係數，台灣的吉尼係數從一九九〇年的 31.2%、一九九五年的 31.7%、二〇〇〇年的 32.6%，一路上升至二〇〇五年的 34.0%，可見台灣的所得分

表二：各國所得分配吉尼係數

單位：%

	1990	1995	2000	2005
台灣	31.2	31.7	32.6	34.0
美國	33.6	34.4	34.5	40.0
英國	33.6	36.0	36.8	34.0
日本	28.7	27.9	30.1	30.8*
中國	35.4	38.6	44.7	45.0
印度	28.0	37.8	38.0	36.8*
韓國	31.0	29.5	35.2	35.1
香港	47.6	37.4	52.5	52.2**
新加坡	38.7	39.3	48.1	52.2

註：* 為 2004 年資料；** 為 2003 年資料

配不斷惡化。美國的吉尼係數則從 33.6％、34.4％、34.5％到 40.0％，也一路在惡化；日本、香港、新加坡、印度和韓國的情況也類似。中國的所得分配惡化更嚴重，從 35％到 45％。唯一例外的國家是英國；因為英國的社會福利制度比較完善，所以所得分配惡化的速度比較輕微。總體來看，無論這些國家的經濟成長快或慢，幾乎每個國家的所得分配都在惡化。

3. 何謂吉尼係數

吉尼係數是由羅倫斯曲線（Lorez Curve）所導出。請見下圖，所謂羅倫斯曲線，是指一個國家在特定時間內以「由窮

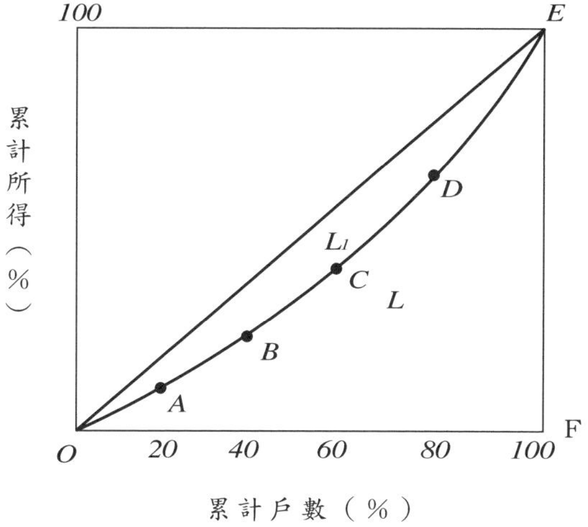

至富戶數累積百分比」為橫軸，「所得累積百分比」為縱軸，所得之分配曲線。吉尼係數就是羅倫斯曲線與完全均等直線（45°線）間所包含之面積（L1），和完全均等直線以下整個三角形面積（L1 ＋ L2）之比率。吉尼係數越大，表示所得分配不均等的程度越高；反之，係數越小，表示不均等的程度越低。

為何吉尼係數可以衡量所得不平均的程度？

在上圖中，A 點表示最窮的 20％者，其所得占社會總所得的比例；而 B 點表示最窮的 40％者，其所得占社會總所得的比例。其餘類推。

假設台灣所有的錢全集中於王永慶一人手中，那麼無論是

最窮的 20％、40％、60％、80％的人其所得皆為零，只有王永慶一個人有所得。這種情況下 O、A、B、C、D、E 的連線就是橫軸與右縱軸的連線，此時 L1 的面積就等於 L1 ＋ L2 的面積，故吉尼係數為 A，這是所得最不平均的狀況。

如果社會上的各戶所得完全平均分配，每個人的所得皆相等，那麼最窮的 20％的人，其所得和就是整個社會總所得和的 20％，原來的 A 點就會跑到 45°線上，B、C、D 點的情況亦是如此，這時候羅倫斯曲線就會與 45°線重合，L1 的面積就消失了，因此 L1 除以 L1 ＋ L2 為 0。

一個所得完全平均分配的社會，吉尼係數就是 0；而所得完全不平均分配的社會，吉尼係數就是 1。因此吉尼係數的值介於 0 與 1 之間，越大代表所得分配越不平均，越小則越平均。

4. 所得分配惡化的原因

為何所得分配會越來越不平均？

第一個原因是知識經濟的普及。回顧第十一講所述，知識經濟有邊做邊學的特性；基礎越雄厚者，吸收新知識更便利。例如普通化學學得好，有機化學就容易學得好。高知識分子在知識經濟時代裡更容易吸收新知識，因而拉大其與中低知識分

子間的所得差距。再者，知識具有非敵對性的特性，可以突破規模報酬限制，故有錢人變得更有錢，漸有不受拘束之勢。

此外，高知識分子的適應力比較強，且擁有高階知識比較容易轉換方向；反之，技術工人熟練的技術若過時，比較難轉換跑道，致使在技術更新快速的時代，高技術工資和低技術工資的差距逐年擴大。一九七五至二〇〇〇年這二十五年間，美國高知識階層和低知識階層的薪水級距擴大了 40％，相當驚人；不只是美國，各國都有這種現象。除了人與人之間的所得差距，國與國之間的貧富分配也向兩端擴張，知識領先的國家會越來越強，這正是為何美國的經濟持續成長，而日本衰退，在第十一講已對此做過討論。

所得分配惡化的第二個原因，則是 CEO（企業執行長）報酬的暴增。CEO 與勞工的薪資差異越來越大，這是全世界都看得到的現象。《經濟學人》（Economist）雜誌的調查顯示，一九九〇年時，一位 CEO 的薪資是一般勞工薪資的一〇七倍（見下圖），假設台灣一般勞工的月薪是三萬元，那麼 CEO 的月薪就是三百二十一萬元，年薪就是四千萬元。到了一九九五年，CEO 的薪水是一般勞工的四百一十一倍，假設一般勞工的月薪是三萬元，CEO 的月薪就是一千兩百萬元，年薪就是一億多元。

為何兩者薪資的差異如此之大？這與股票選擇權等新金

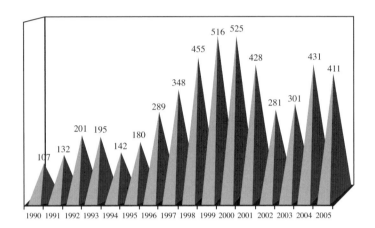

融商品的陸續問世有關。我赴美求學時的老闆非常富有；他是 Google 的程式設計師，也是柏克萊大學（UC Berkeley）的教授，擁有出色的程式設計能力。Google 支付他的薪資，有很大的部分是以股票選擇權的形式發放。股票選擇權就是一張紙，上面載明自即日起的若干年內，你可以將這張紙兌換為股票。什麼時候換比較有利？當然趁股價最高的時候換。

　　許多公司通常用股票選擇權來獎勵 CEO。假設你是持有公司股票選擇權的執行長，你就有努力提升公司股價的動機，因為股價飆升代表你的財富也將隨之暴漲。假設目前股價為一元，如果你能憑藉你的管理與創新能力將公司的股價拉抬至一百元，那麼你手中的股票選擇權就漲了一百倍。

　　二〇〇八年間中油的浮動油價招致不少批評，中油解釋是因為新德州原油漲價，所以油價也跟著調整。但是中油忽略了「員工」這項影響成本的要素；中油的冗員成本都由消費者負擔。假設中油聘雇的員工人數由一萬人暴增至十萬人，每公升的平均油價就會更高。無論中油聘雇多少員工，這些人事成本都會反映在油價上；但是中油的人事成本使用有沒有效率，消費者卻無從得知，這非常不合理。在民主國家，人民才是頭家，國營事業的員工理應受人民的監督，執行上卻很困難。

　　同理，一般而言董事會或股東很難控制執行長，發放股票選擇權就是解決此種問題的方法之一。透過股票選擇權的發放，將難以控制的執行長，變為利益與公司一致的連體嬰。股票選擇權提供執行長替公司賣命的動機與極大的獲利空間。假設執行長賣命只會將股價從三元提高至四元，他可能不願意賣命；他之所以願意賣命往往是因為股價可以從十元變成一百元，倍數差得越大，可能報酬越高，他就越賣命，這就是為何CEO的報酬大部分來自股票選擇權。股票選擇權可能讓高階經理人的財富暴漲，相較於基層員工的固定薪資漲幅有限，故新金融商品的誕生也是造成貧富差距擴大的原因之一。

　　另一個造成貧富差距懸殊的原因，是私募基金（又稱私人股權投資）對專業經理人的需求增加；私募基金就是私下針對特定人招募的基金。私募基金常見的操作方式之一，就是買下

經營不善的公司，利用三至四年的時間重新整頓，最後再將該公司賣掉。

以二〇〇六至〇七年的凱雷收購日月光案為例。凱雷就是一個私募基金，日月光是相當有規模的半導體公司。假設凱雷買下日月光時，日月光的股價是十五元，如果三年內凱雷能夠將日月光的股價提升至四十元，此時將日月光賣掉，凱雷就可以大賺一筆。凱雷欲在短時間內將日月光的股價提高兩、三倍，必須要找到一位很有能力的經理人來整頓該公司，因此經理人就像搶手的大明星，許多公司都在經理人市場內拚命搶人，於是就把經理人的行情拉高，使得經理人成為一個「明星」職業。超級明星的報酬極高，然而明星市場的報酬分配卻很極端。明星市場中通常只有少數人的報酬非常高；就如若你拉奏大提琴的功力與馬友友不相上下，就會是億萬富翁，若無法望其項背，報酬就難以與之相提並論。

CEO 和勞工的平均薪水倍數差異於二〇〇〇年時達到最高峰，因為二〇〇一年全球股價普遍高，所以擁有股票選擇權的經理人很富有，其薪水是勞工的五百二十餘倍，一九九〇年的時候才一〇七倍而已。可見股票選擇權確實使得經理人和一般勞工的薪水倍數拉大非常多。

世界貧富差距擴大

一九九○至二○○二年，除了南亞、歐盟和美國，世界各國的失業率都在攀升，因此二○○八年起漸有反全球化的大風潮。

有人認為全球化是正面的，因為競爭範圍擴大使得生產更有效率；大家可以買到更便宜的衣服、球鞋和電視，生活品質會因此提高，這是鼓勵全球化的說法，但事實上全球化也惹惱許多人。二○○四年全球失業人口達一億八千五百萬人，全世界 59% 的人口生活在貧富差距上升之地區，只有 5% 的人生活在貧富差距下降的地區；全球六十五億人口，40% 的人活在貧窮之中、16.6% 的人處於極端貧窮的狀態。極端貧窮是指每天的生活費小於一美元，也就是台幣三十元。三十元在台灣連一個便當都買不起。非洲極貧的比率由一九八一年的 41.6% 增加到二○○一年的 46.9%，極端貧窮的比率仍持續在上升。

不平等的世界不可能是均衡的，全球化絕不會是一個皆大歡喜的狀態。在過去二十年間全球化造成了許多負面的影響，例如失業率攀升、貧富差距更加懸殊，沒有一件事情如同全球化鼓吹者描述的那樣美好，而且得利的都是歐美國家，怪不得許多落後國家責怪英美等強國，這不是沒有道理的。

世界也朝向 M 型的趨勢發展，高所得地區如北美、歐盟

　　和日本，人口成長率為0.2％，四百年之後人口才會成長一倍，但是落後地區每年人口成長率卻為1.9％，二十五年之後人口就會增加一倍。因此落後地區的人口越來越多，每個人的所得就會被稀釋，貧窮國家的人口繁殖速度比較快，每個人分配到的資源就會減少，而富有國家人口成長速度緩慢，被稀釋掉的資源就更少。這是標準的「貧者越貧，富者越富」。

　　世界最有錢的五分之一人口之所得和世界最窮的五分之一人口之所得比例，稱為「層級所得比」。與吉尼係數一樣，層級所得比也可以用來衡量所得不均。一九六〇年的層級所得比是三十一倍，一九七〇年是三十二倍，一九八〇年是四十五倍，一九九一年是六十一倍，一九九七年是七十四倍，雖然我目前仍未找到二〇〇七年的數據，但是這個數據肯定比以往都來得大，非常令人擔憂。

　　先進國家的子女教育程度變高，人力資本增加；而貧窮國家的子女則要幫忙工作、挑水、顧畜和集柴等，有研究顯示他們十二歲開始就要做這些事情。《時代》雜誌曾刊登一則故事，印尼有許多挑硫磺礦的工人，因為礦區位於火山，所以必須仰賴工人將礦產挑下山。挑礦工人每天的工資是兩塊錢美金，挑一次礦就要肩負幾十公斤的礦產行走五十公里，上山二十五公里，下山二十五公里。因為硫礦碰到汗水就會變稀硫酸，所以這些工人往往三、四十歲就齒危髮禿。一天只領兩塊錢美金，

卻要長期受到硫酸的侵蝕，相當令人同情。

全球化的產業影響

影響一：競爭規模擴大

全球化第一個影響就是在各產業產生的「擴大」現象。首先是產品市場變大：任何一家公司必須面對各種可能客戶；原本全球物流不順暢，台灣的產品只能賣到台灣，全球化之後台灣的產品則可以賣到世界各地。假設某個電玩遊戲原本只鎖定賣給台灣人，那麼遊戲的語言介面可以很簡單，只要有台語、客家話和國語即可，但如果要設計給波蘭人玩，就要先弄清楚波蘭人使用的語言與文化。在台灣推出一個棒球遊戲或許可行，但在波蘭不一定會受到歡迎。全球化之後，企業所面對的客戶變得更多元、更複雜。

除了產品市場，原料市場也擴大了，原本電玩遊戲只須在台灣組裝，現在組裝的工作可能在中國或越南進行，因為這些國家的人工成本比較低。當競爭者增加，企業將部分工作委外（outsourcing）或由外商直接投資（foreign direct investment, FDI）的可能性就增加，甚至把整個工廠設在別的國家，這種

事過去不太可能發生。

我有一位種蘭花的友人，他最大的生產基地在越南，他說越南在氣候上最適合種蘭花，因為天氣夠熱；台灣的天氣雖然夠熱，但夏天不定時會有颱風，所以越南更適合種植蘭花。以前蘭花要花兩個月的時間用輪船運送，運到美國時花早就凋謝了，現在拜運輸便捷之賜，航運在一天之內就可以將蘭花送往美國，甚至連濕度都可以控制，因此業者可以不受限制，選擇最適合種植蘭花的地方生產。

市場擴大也代表競爭隨之加劇；例如以前私募基金很難在全球各地募集資金或尋找 CEO，現在這種情形經常發生。競爭擴大也讓公司委外的可能性升高；委外就是把一些半成品委由他國完工。西門子是德國公司，二〇〇七年卻有 80％的銷售是在德國境外發生、70％的工廠是在德國境外生產、66％的員工是外國人，儼然已成為一個全球化的公司。

影響二：被迫調整

第一講曾提到，法律上所謂的邊際嚇阻，是指對略重之罪處略重之罰。同理，企業多做一個調整，也會產生邊際效益或是邊際成本，亦即多做一件事情會多產生的利益或成本。全球化之前企業面對的市場很小，但全球化之後企業面對的是全

球市場，邊際成本和邊際效益的規模都會變大。假設以前台積電面對一個區域市場必須做出某些調整，如果它不調整，造成的損失可能無關痛癢；但是現在台積電面臨全球競爭與全球市場，如果不做調整，被別家公司取而代之，損失就會非常大。以前的市場是小善小惡，公司可以善小而不為，惡小而為之。全球化以後市場上不再有「小」善「小」惡的機會，因為公司面對的是一個大的競爭環境，潛在市場擴大、潛在敵人也隨之增加，只要有該做的事情沒做，就會變成大善大惡。

　　某雜誌對這種現象做了很有趣的比喻：曾有一場福爾曼（George Foreman）對上阿里（Muhammad Ali）的經典拳擊賽，他們兩位都是重量級拳王。阿里擅長蝴蝶步，跳動非常靈活，而福爾曼則擅長重拳。每位職業拳擊手都必須承受對手的打擊，然後找出對手的弱點，並在適當的時機予以反擊。阿里在和福爾曼比賽之前，花了六個月的時間練習挨打，正式比賽的前八個回合，他都在承受對手的打擊，之後的四、五個回合則利用自己擅長的蝴蝶步，慢慢找出福爾曼的弱點，將之擊敗。該雜誌認為面對全球化的挑戰，各國應效法阿里，意即每個國家都要能承受挨打，都要進行產業調整。產業調整一定是痛苦的，例如一些勞力密集產業外移至越南，台灣的失業率一定會因而上升，這就是挨打的時候，台灣要能承受打擊，然後找出新的產業優勢。如果生物科技是我們的新優勢產業，那麼就應

該盡全力培植。記得：全球化對每個國家而言都是一大衝擊，各國一方面要挨打，另一方面要找到新優勢再出發。

影響三：新商機出現

全球化的第三個影響是新商機的出現。例如 Google 聘雇兩種人才，一種是行銷人才，協助 Google 在搜尋引擎市場取得優勢，另一種是程式設計師。這兩種專才以前很難結合起來，今日兩者結合成就了 Google 的不敗地位。

條碼管理則是資訊知識和存貨管理的結合。以前存貨管理是一項專才，資訊則是另一項專才，在全球化的時代下這兩種專才結合產生新的專才。沃爾瑪（Walmart）是美國最大的百貨連鎖店，它的條碼管理就十分成功。以前沒有 e-bay 之類的網路拍賣，也沒有全球性的私募基金，美國的醫院也不會把 X 光片外包到印度去分析，現在全都有了，所以全球化大幅提升科技整合的機會。

綜合而言，全球化使商業的競爭規模擴大（magnification of competition scale）、競爭的觸角擴張（expansion of competition scope），因而產生許多新商機。

知識經濟加速上游國家的研發創新，而市場原料與平台則讓下游國家取得發展機會。東南亞國協（ASEAN）在全球化

的趨勢下受益良多，這些國家包括泰國、緬甸、馬來西亞和新加坡等。東協加一指的是加上中國。以前這些國家發展緩慢，但是土地、原料和人工都很便宜，全球化之下由於物流暢通，許多企業就把部分的原料或半成品的生產移到這些國家生產，因為當地的成本很便宜。

事實上，台灣許多傳統產業都外移到中國或越南。知識經濟無法取代衣服和鞋子之類的傳統產業，生產這些東西不需要複雜的技術，但是製造成本要夠低，所以這類產業大多移往東南亞國家。

在歐洲，傳統產業則移向東歐，許多歐洲汽車都在東歐生產。西歐的生產平台移到東歐，亞洲的生產平台移到東協加一。台灣的情況比較不樂觀，雖然我們有承受打擊，但是並沒有發現新優勢，我們的迷蹤步只是在迷自己，迷來迷去然後就滑倒了。

1. 全球化下的汽車產業

以下以汽車業為例說明全球化的影響。汽車市場上品牌琳琅滿目，其實許多品牌都同屬於一家公司，Ford（福特）、Jaguar（捷豹／積架）、Mazda（馬自達）、Rover（路華）、Volvo（富豪）和 Suzuki（太子）在二〇〇六年皆屬於同一家公司。為何會如此？因為競爭的範圍擴大了，每家公司必須在

各方面盡可能地節省成本，如此一來才有可能面對競爭。例如汽車的生產製造大多移往東歐、中國和南非等，因為這些地方的人工成本低廉。汽車的底盤共用亦為顯例，Volvo 有許多底盤和 Ford、Jaguar 共用，目的就是為了降低成本。又如油電共生車（hybrid drive）的研發成本非常昂貴，各家汽車公司如果自行研發，總成本相當可觀，但若能合作共同開發，成本就可以大幅降低。

汽車工業也有 M 型化的現象。有些廠牌研發很便宜的汽車，設計與配備簡約、樸實，純粹供代步之用；另外有些廠牌則非常昂貴，內裝與配備皆相當考究，裡面裝了十幾粒安全氣囊，專供有錢人使用、玩賞。

此外，汽車工業也受到全球化的衝擊。汽車是製造二氧化碳的重要元凶之一，歐洲大約半數的車子屬於柴油車，柴油車的二氧化碳排放量少於汽油車，較為環保。然而在台灣，柴油車卻是難得一見，可見台灣仍處於全球化的邊緣，跟不上全球化的腳步。

全球化也產生了全球汽車併購的情況，以及共用底盤、共同研發的組合。例如 GM 汽車（通用）旗下就擁有 Chevrolet（雪佛蘭）、Buick（別克）和 Cadillac（凱迪拉克），此外，它還併購了韓國的 Daewoo（大宇）和日本的 Isuzu（五十鈴）。Ford 和 Toyota，也併購了許多汽車公司。

　　這些汽車集團的共通點就是它們都在中國找一家公司合作，這也是全球化的影響。中國有十三億人口，就算只有10％的人想要買車，一億三千萬輛的汽車需求量也相當驚人了。GM、BMW（寶馬）和賓士集團互為死對頭，但為了對付Toyota，不得不盡釋前嫌，攜手研發油電共生車，這也是全球化的影響使然。全球化的商業競爭無小善小惡，企業之間不合作都不行，如果GM、BMW和賓士集團堅持不合作，十年後Toyota將搶下大部分的油電共生車市場。

2. 其他案例

　　品牌、行銷規模擴大、委外的機會擴大等亦為全球化影響的案例。例如Nike將物流作業外包給FedEx處理；印度的崛起更是一個特別案例。近年來印度仰賴其資訊業的發展，經濟快速成長，許多優秀的印度工程師於一九九九年美國矽谷網路泡沫化後回國，而二〇〇〇年爆發千禧蟲危機，許多電腦病毒需要解碼，此時印度的電腦工程師就得以發揮長才，解決流傳於世界上的許多電腦病毒。此外，印度是英語國家，所以印度的X光片分析師可以替美國醫師工作。光是這個電腦優勢就造成印度的經濟突飛猛進，但是這樣的成長模式是好是壞，仍有待觀察。

　　大多數國家的經濟發展都依循一個模式，從以農為主到以工業為主，其中更從輕工業到重工業。輕工業的發達吸引一些農民成為輕工業的工人，當重工業發達時再吸引一些輕工業的工人成為重工業的工人，各種產業連貫且相互銜接，帶動經濟成長。然而印度跳過了輕工業的階段，短時間內就發展至電子資訊業，電子資訊業與農業無法銜接。農民可能成為輕工業的工人，但卻難以轉行為電腦工程師。在全球化之下，由於印度的主力產業與其大多數的人口無法連結，導致印度的其他產業很難發展起來，因而難以帶動整體經濟的活絡。

全球化對文化的衝擊

　　文化衝擊經常與使用的文字有關係。全球化時代大部分的資訊都是英文，尤其是網路資訊；當資訊以英文的方式傳遞的時候，本土文化就不容易存活；而中文文化不容易被消滅是因為文化圈夠大。在此，網路效果是否能發揮有賴既存者的勢力，如果勢力夠大就能存續下去，不夠大就會被消滅。假設漢語拼音可能存續，注音符號可能會消失，是因為使用注音符號的群體太小，只有台灣人這麼一點人使用，若沒有足夠的文化意涵支撐，就可能被消滅。

　　全球化衝擊本土文化會形成兩難局面：如果選擇抵抗全球化而保有本土文化，必須冒井蛙之險，因為本土文化可能確實不如人、非本土文化或許有可取之處，例如為了保護國片而抵制西方電影可能會變成井底之蛙；可是面對全球化如果選擇開放接受，那麼本土文化則有被消滅之險。

　　多元文化本身有其價值，無法完全抵抗，亦不能全面開放，有些趨勢難以抵擋，我們必須不斷提醒自己保持警覺。面對全球化的衝擊，我不主張抵抗也不主張完全放任，我主張「隨順而轉」。許多趨勢我們無法憑一己之力改變，市場趨勢即為一例，所以要順著它。但我們不只要能夠「順」，還要能「轉」，唯有抱持警覺和自主性才有可能轉。

　　文化應該要多元，但是多元化有兩個自然的敵人，一個是規模經濟，規模經濟越大平均成本越低，競爭對手減少，因而降低多元性；另一個則是網路經濟。這兩種經濟效果自然會形成一元化；當規模經濟或網路經濟出現的時候，你會發現小地區的文化自然會被侵蝕。全球化對地方文化絕對具有衝擊性，因為如果全球化的某個文化面向具有規模經濟或網路經濟，就會形成威脅。

　　威脅比衝擊要嚴重，衝擊只要保持警覺，無須干涉，然而面對威脅，在警覺之外可能必須付諸行動。例如簡體字可能就是威脅，因為簡體字具有網路效果，使用簡體字的人越多，大

家就越傾向學簡體字。繁體字和簡體字並行於世界多年，但是在網路發達之後，繁體字可能會消失，這是一元化的傾向。

全球化「或」在地化不應該是互斥的選項，選了全球化並不代表就不能在地化，例如林懷民、朱銘、李安等具有本土特色的作品，在世界各國都受到歡迎。全球「載具」便利，不利區域特色發展，但是真正的關鍵在於資本主義的擴張，資本主義的擴張對於多元文化和在地化最具威脅性。重點即上述不斷提及的，由於規模經濟和網路效果具有一元化的特質，因此對原有文化格外不利。

全球化對環境的衝擊

有些事注定要受到全球化的衝擊，例如二氧化碳排放量和生物多樣性的降低，都不是單一國家的問題而已，而是全球共同的課題，這稱為「共有財的悲劇」（tragedy of the common）。[1] 基本上二氧化碳是全球之惡，每個國家都希望「你減少排放，我照常」，正如美國不願簽署京都議定書。漁獲量也是一個共有財的悲劇，大家都希望你減少漁獲量，但是我的

---

[1] Garret Hardin (1968) The Tragedy of the Commons, *Science*, 162: 1243-1248.

漁獲量不變；森林資源亦復如是，大家都希望自己照樣砍伐森林，讓別人拚命去種樹就好。共有財的悲劇牽涉到的層面廣及全球，不會只有台灣面臨全球暖化的問題，世界各地都有，所以當然需要全球各國的合作與配合，但是先進國家或強權國能夠暫棄眼前利益，達成永續生存的共識嗎？

京都議定書希望於二〇一二年前全世界的二氧化碳比一九九〇年的排放量（五八七三百萬噸）再減低 5.2%。但是二氧化碳是要計算歷史存量或當今流量呢？如果是以存量計算，萬一二氧化碳消逝的速度不及各國製造的速度，怎麼辦？而且造成今日二氧化碳問題的主要是歐美先進國家。如果是以流量計算，那麼中國近年來的過度開發就是罪魁禍首。決定哪個國家該為今日的局勢負責是個難題，如果計算存量，美國必須負責；如果計算流量，中國必須負責。不論以何種方式計算都會產生爭議，這又是共有財悲劇的情況。

森林砍伐是生物多樣性降低的最大原因，而伐木有兩個主要的動機，其一是許多非洲國家和南美洲國家需要耕地，於是砍伐森林以為種植用地；其二是為了造紙和製作家具。紙和家具通常都供應給先進國家，開發中國家不太需要家具，也不太會閱讀書報；《紐約時報》一天的印刷量就要砍掉好幾畝的森林。有個笑話說某人在中央公園散步，突然被歹徒從背後勒索說不許動，歹徒不許他回頭看，他問歹徒手上拿著什麼武器，

搶匪回答說是週日版的《紐約時報》，結果那個人就乖乖把錢交出來，因為週日版的《紐約時報》捲起來比棒球棒還要粗，可見《紐約時報》的用紙量有多驚人。

伐木輸出給已開發國家做成紙和家具，這是許多落後國家生存的辦法；除非先進國家願意提供補助，才可能要他們停止伐木。要求美國少砍一些森林並不會牽涉到生存問題，頂多迫使《紐約時報》等降低印刷量，但是如果要求後進國家不砍森林，這就是強人所難；除非先進國家予以補貼，讓他們還有別的生路，但這樣的補助有實行上的困難。所以這也是一個全球性的議題。

對全球化的五點疑慮

二〇〇一年的諾貝爾經濟學獎得主史迪格里茲（Joseph E. Stiglitz）對全球化的觀察相當透徹，他在《世界的另一種可能──破解全球化難題的經濟預告》（*Making Globalization Work*）一書中，對全球化提出幾點疑慮：

第一個疑慮是全球化的遊戲規則並不公平；這是為先進工業國家的利益而特別設計的，甚至使部分最貧窮國家的情況益形惡化。貿易的全球化，照理來說對大家應該都有好處，這是

一個長遠的整體描述，但是先對誰有好處的差別卻很大。例如美國希望各國開放農產品進口、嚴格執行智慧財產權的保護，這些對誰有好處？當然對美國有好處，因為美國擁有的智慧財產權數量最多、農業成本最低。全世界的遊戲規則是被討論出來的，談判時強勢的一方當然占有優勢，因此絕大多數的全球化對美國、歐盟和日本有利，但是對非洲、中南美洲、台灣和許多國家卻不利，最後使得貧窮國家的情況日益惡化。

第二個疑慮是全球化導致物質價值勝過其他價值；像是對環境及生命本身的關切等。第十一講中提到，藥品專利權牽涉到藥廠的利潤，於是成了保障藥廠賺錢的工具，這結果絕對是價值導向。藥品最大的功用應該是拯救生命而非獲利，生命的價值不應該淪落於金錢價值之後。

第三個疑慮是全球化的管理方式剝奪了開發中國家的許多主權裁量範圍，以及他們為了人民福祉而在重要領域上自行做決策的能力。從這個角度來說，全球化已經損害了民主政治。因為全球化使得觸角變廣，美國這類的強權國家透過聯合國或WTO強迫他國開放市場，甚至希望其他國家民主化。廣義而言，美國攻打伊拉克也是一種全球化的思維，美國形同把自身的人權主張強勢地推展到伊拉克，這怎麼會公平呢？許多開發中國家向國際貨幣基金（International Monetary Fund, IMF）貸款，國際貨幣基金就會開出許多條件，唯有接受這些條件，國

際貨幣基金才願意借錢，例如貸款國須開放某些產品的市場。當國際貨幣基金提出這樣的要求時，事實上形同摧毀這些國家的自主權。每個國家的背景不同，即使是一個成功的模式，也不見得能適用於任何國家，然而美國卻硬要將其自認成功的模式套用於他國，這是非常霸道的行徑。

雖然全球化的擁護者宣稱，在經濟層面上大部分的人都能因此獲益，但是有充分的證據顯示，無論是開發中或已開發國家，全球化之下有許多輸家。以長期的角度去衡量，理論上大家都會獲益，但是實際情況卻不然。

以上這些疑慮是點出一些強加在開發中國家身上的經濟制度（在有些例子裡根本是逼迫他們接受），既不適當，也會造成重大的傷害。全球化不應等同於經濟政策或文化上的「美國化」，但這種情況的確經常發生，且已經引起了公憤。例如阿根廷、祕魯和巴西等中南美洲國家就深受其害。中南美洲於二〇〇六年興起一股「反美」風潮，許多人認為美國於中南美洲國家爆發經濟危機時予以援助，目的只是為了強行灌輸美國的文化與價值觀；這也是另一種全球化衝擊。

如何因應全球化

要如何因應全球化完全是一個態度的問題。我曾於二〇

○二年造訪新加坡，那一年新加坡的經濟狀況非常差，因為新加坡和台灣一樣，許多傳統產業、人才都外移到中國，也傳出輿論批評這是在掏空新加坡。面對這種全球化浪潮之下的自然調整，我們必須承受打擊，並找出新的產業契機。例如新加坡現在一方面培植高科技業，另一方面發展博弈業，雖然不怎麼光榮，但無論如何這總是新的契機。台灣至今仍找不到新的契機，我們一直在怨天尤人，怪罪中國吸走本土產業，卻不願意認真面對挑戰。

在全球化的衝擊之下，歐洲調整得最好的國家是西班牙和英國，或許是因為它們曾經擁有許多殖民地，血液中流有面對新環境、因應挑戰和掌握新契機的因子。法國因應全球化的腳步最慢，因為法國人較以己為尊，抗拒全球化。佛里曼說「世界是平的」，在某一個角度來看這是正確的，但是對壁壘重重如台灣者，全球化之後變得非常不平，面臨的挑戰也格外嚴峻。

1. 清除最為迫切的路障

處於全球化衝擊之下我們能夠做什麼？我們需要學阿里的策略：吸收與調整。調整是中性的字眼，同時我們必須付出一些代價，代價也就是成本。例如失業的攀升，許多人失業後可能再也找不到新工作，所以社會福利政策必須調整。教

育也要調整,全球化之後教育的格局可能不太一樣。要能靈活(agility)以對,就要有不同的布局。台灣一定要突破目前的兩岸關係,不能和中國不通商或不通航,否則將無法生存下去;不和中國通商或通航在國家政策上是小惡,但是在全球化之下會變成大惡。兩岸目前的關係是外闢疆土的路障,兩岸關係不改善就無法開疆闢土,沒有真正的突破就沒有真正有利的布局。

台積電二〇〇七年到中國設八吋晶圓廠,而美國的英特爾(Intel)要去設十二吋晶圓廠,如果十二吋晶圓廠成功於中國設廠,台積電的八吋晶圓廠就毫無用處,根本不是英特爾的競爭對手。二〇〇八年台灣在討論是否要開闢蘇花高速公路,這與中國的觀光客有關係,假設台灣的全球布局是要往觀光業發展,那麼是否興建蘇花高速公路就要與此布局合在一起討論,不能只從建不建公路一個角度去思考。

電影《教父2》裡有一句很經典的對白,老教父對他的兒子說:「親近你的朋友,但更要親近你的敵人。」(Keep your friends close but keep your enemies closer.)這句話對兩岸關係也非常適用。如果你是統派,老共就是朋友,你就要 close to your friends;如果你是獨派,老共就是敵人,你就要 closer to your enemies。無論如何,兩岸關係是我們邁向全球化之路最大的障礙,台灣絕不能逃避。

　　另一個全球化的新遊戲是板塊聯盟，其中最知名的當屬歐洲聯盟（European Union, EU），歐盟成員國之間可以自由貿易，並採取一致的對外關稅與貿易地位。亞洲的板塊聯盟則是東南亞國協，各成員國之間成立優惠貿易區（例如關稅減讓），近年來東協加三成型，除了原東協十國，還加入了中、日、韓三國，形成更龐大的合作關係，台灣無法加入這個聯盟，在經濟上陷入孤立的困境。

2. 改變教育

　　全球化之下教育要有所改變，但是許多教育改革都染上統獨的政治色彩，變得很情緒化，模糊了真正的議題焦點。

　　大前研一認為在全球化的氛圍下，日本的教育需要改變，其中最大的改變就是不再給下一代標準答案。日本的教育注重標準答案，因為日本向來以精緻文化聞名，台灣的教育也有同樣的問題。

　　佛里曼認為美國在全球化之下要注重科學教育，每個國家都有不同的情勢，因為美國是科技領先的國家，故佛里曼認為最可能幫助美國維持科技領先地位的就是加強科學教育。美國目前的科學教育很差，全球性的數學或物理競賽都贏不了亞洲國家，但是美國的頂尖科學教育卻很出色。

　　台灣的科學教育不算差，但是我認為台灣必須加強通識教育，才能適應全球化的衝擊。《經濟學人》雜誌的專文中也提到在全球化時代，技術環境瞬息萬變，加強一般技能而非專業技能是極為重要的，如此轉換跑道較為容易。

　　全球化浪潮下日新月異，所有知識都瞬息萬變，當世事變化非常快速的時候，就需要比較廣泛的一般性知識才能夠適應；如果一開始就太著重專業知識，一旦專業知識失去優勢，將令人無所適從。全球化之下任何一種技術變為無用的機率很高，大多數的人都必須具備良好的適應力。要靈活找出自己的優勢，而靈活來自適應力，具備普遍技能的人比較靈活，若太早專注於專門技能，將容易喪失彈性。

§ 推薦延伸閱讀 §

朱敬一、陳一姍（2007）「全球化浪潮下的資源分配趨勢」（電子檔）。

Friedman, Thomas (2005) *The World is Flat: A Brief History of the Twenty-first Century*. New York: Farrar, Straus and Giroux. 中譯本：佛里曼著，楊振富、潘勛譯（2005）《世界是平的》，台北：雅言。

Stiglitz, Joseph (2006) *Making Globalization Work*. New York: W.W. Norton Co. 中譯本：史迪格里茲著，黃孝如譯（2007）《世界的另一種可能——破解全球化難題的經濟預告》，台北：天下文化。

第 **14** 講

飛彈、核四與永續發展

前　言

　　一九九四年的核四公投，由貢寮居民自行公投決定要不要興建核四廠。興建核四廠最大的爭議點之一就是核廢料可能造成的汙染，汙染通常為一種「外部效果」，這該由誰負責？二〇〇四年台灣舉辦了另一個公投，主題是「要不要買飛彈」。當時的國防部長曾說，不論公投通過與否，都會買飛彈。若真是如此，又何必舉辦公投？飛彈屬於國防支出，而就廣義的層面而言，國防是一種特殊的「公共財」，這又該由誰決定？

　　第一講曾提到社會科學是研究總體與個體之間互動的學問，而總體通常是指國家。國家對某些事情管制較嚴，對某些事情的管制則較寬鬆，台灣的消防隊由政府負責組織，但其他國家不見得會編制消防隊，而是採民間發包的形式；但是各國對於「國防」政策不會採取放任的方式，或委由民間辦理。大規模的外部性或污染（如二氧化碳所造成的全球暖化），攸關後代子孫的存亡，就會牽涉到永續發展（sustainability）的議題，因此國家通常也會制定環保政策介入管制。

　　易言之，國防和環保是政府與民間、總體與個體互動最普遍的例子，與人民日常生活息息相關，故也是社會科學觀察研究的對象。

公共財與外部效果

　　資本主義國家通常不干預大部分的經濟活動，任由市場機制自然運作，例如面對居高不下的油價，我國行政院的對策就是回歸市場機制，該漲就漲。然而市場有失靈的可能性，亞當斯密所謂的「看不見的手」可能無法發揮它的功能，形成所謂的「市場失靈」。

　　造成市場失靈的主要原因有三：第一個是缺乏競爭，如果沒有競爭，就沒有市場效率。例如，獨占市場可能就沒有什麼市場效率可言。微軟如果壟斷市場，就可以隨意訂價，這時候就毫無競爭，而沒有競爭就可能沒有進步的壓力。所以「看不見的手」運作的要件之一就是要有競爭的存在，如此一來才有提升效率的壓力。這一點我們暫時不談，以下我們將先探討國家介入自由經濟體系另外兩種理由：公共財與外部效果。

1. 公共財

什麼是公共財？

　　公共財與私有財是相對的概念。私有財具有消費的敵對性

和排他性，而公共財既沒有消費的敵對性，也沒有排他性。

如第二、第十一講所言，「敵對性」乃是指財貨給某人消費後，其他人就不能消費。例如座位是私有財，具有敵對性，你坐了這個座位之後，別人就不能坐。然而知識就不具敵對性，某人使用 Windows XP，並不妨礙其他人也使用該系統。

「排他性」則是指財貨的供給者可以技術性地做到讓某些人消費該財貨，或不讓某些人消費。有許多事情不具敵對性，但可以做到排他。大學教師講課沒有敵對性，某甲聽課並不會妨礙某乙聽課，但授課教師仍可透過限制未選到課的人不准旁聽以排他。

有線電視（Cable TV）亦沒有敵對性，同一條電纜，一百萬家收看和二百萬家收看沒有差別。但是有線電視可以做到排他，唯有付費者才可以收看東森、TVBS 等有線電視台。無線電視則既沒有敵對性，也沒有排他性，如華視、中視、台視、公視等。

那何謂公共財呢？公共財如國防、治安及路燈等，皆不具敵對性，也無法做到排他。國防沒有敵對性；國軍保護三十個人與保護三百個人並無差別，你享受國軍的保護並不妨礙我也享受國軍的保護。國防也沒有辦法排他；國防無法只保護男生而不保護女生，或只保護身分證號碼尾數為奇數的人。

有些東西本質上無法排他，例如陽光和路燈，路燈不具敵

對性，它照亮你家並不妨礙它照亮我家，它照亮路人甲並不妨礙它照亮路人乙。此外它也沒辦法排他，燈光照誰不照誰由不得人，無法做到甲、乙經過的時候就不亮，而丙、丁走過的時候就亮。

如果有東西沒有敵對性，亦無排他性，那就是公共財。國防和路燈就是很典型的例子。

為何公共財大多交由政府管理？

公共財大多交由政府管理，因為它具有「搭便車」問題，稍後會加以說明。此處要特別強調，雖然政府會介入公共財的事務，但不表示政府必須負責「生產」。例如國防由政府提供，但不表示戰機一定要由政府生產，有許多東西還是可以委託民間辦理。

以下舉社區保全之例子來說明。社區的保全是一項公共財，它沒有敵對性，二十戶享受保護和二十一戶享受保護並沒有差別。社區保全也不能排他，保全人員同時保護此社區中的所有住戶，不能只保護姓氏筆畫少於二十畫的人，而不保護姓氏筆畫多於二十畫的人。假設某社區有甲、乙、丙三戶，甲戶願意花五元去買巡邏這項保全服務，乙戶只願意花四元，丙戶則願意花七元，所以對於該項服務，甲、乙、丙願意支付的總

價為十六元,因此唯有雇用保全的費用小於十六元時,這個社區的居民才願意支付。假設聘請保全的價款為十五元,就向甲收五元,向乙收四元,向丙收七元,剩下的一元就充做公基金。但是這樣的收支假設太過理想,不符合實務運作。

上述甲乙丙三戶願意付五元、四元、七元,這些都是假想的數字,該社區的居民究竟願意付多錢去聘雇保全,其實是問不出來的。假設你問我願意為社區保全付多少錢,我回答說我一毛錢都不願意付,因為我練了三十幾年的太極拳,任何搶匪來都會被我斷手斷腳,所以我不需要保全。又或者我回答只願意付五毛錢,儘管我有能力付七元。每個人都希望別人付錢聘保全,因為保全沒有排他性,既然無法排他,我就有動機隱藏我真正的需求、低報我真正願意支付的價錢,而享受免費的保全服務,這就是「搭便車」。

同樣地,假設我們問某甲願不願意花錢買國防,他可能會說:「因為我不怕死,所以我不需要,讓王永慶、張忠謀那些命比較值錢的人去付。」然而他真的不怕死嗎?他會這樣回答可能只是因為一旦王永慶、張忠謀付錢買國防,某甲就可以免費搭便車,享受國防的保護,這就是所謂的搭便車。當每個人都想免費搭便車時,情況就會變得很複雜,無法交由市場機制處理。

在實務上,要科學性地瞭解國防需求非常困難,舉辦飛

彈公投根本無法得知人民的真正意願。不花錢的飛彈，即使不用，放在櫥窗內觀賞也很漂亮，當然多多益善。花錢的飛彈則大多數人都會說不必，讓那些怕死的人花錢就好了。總之，具有公共財性質的事情通常需要由政府主導，不可能透過公投解決。

2. 外部效果

什麼是外部效果？

外部效果是指當你做了某件事情之後會影響到別人，造成第三者的利益或損失，但是你本人並沒有因此得到補償或是受到處罰。

抽菸就是標準的外部效果例子。某人吸菸會影響到你，二手菸會危害你的健康，但是吸菸者並不會受到懲罰，而你也不會得到補償，這就是負的外部效果。另外一個例子是，假設你家種花，使得附近養蜂人家的蜜蜂有花蜜可採，所以你對他們就具有正的外部效果，但因為我無法向他們證明這件事情，所以我不會因此得到補償或報酬。

搭乘捷運則是一種比較隱性的外部效果：民眾搭捷運就會減少開車，間接降低馬路的擁擠度，所以多搭乘捷運對開車族

是有助益的。政府鼓勵搭乘大眾運輸工具，就是因為大眾運輸系統具有正的外部性，它間接使交通獲得改善。

接種疫苗也具有外部性。接種疫苗除了降低自身因傳染病死亡的機率，也能減少別人受傳染而死亡的可能性，自利也利他，是正的外部效果。每個國家的預防接種注射都由政府規定與執行，就是因為它具有外部效果，不能夠完全讓民眾自行決定要不要接種疫苗。「自救」的事可以自己作主，「救人」的事就可能需要外力加把勁。

如何控制外部效果？

控制外部效果常用的方法是利用「課稅」懲罰造成外部成本的行為；或利用「補貼」獎勵形成外部利益的行為。

假設吸菸造成七元的危害，就對吸菸者課七元的香菸捐。二手菸會影響他人健康，政府就向吸菸者課香菸捐，增加抽煙成本，以矯正吸菸者的行為。

若搭捷運能產生五元的外部利益，就給捷運搭乘者五元的補貼，補貼可以反映在捷運票價的減少上。台北捷運的建設成本為四千四百四十四億元，再加上營運成本和建設成本的貸款利息，目前的營運收入根本不足以彌補成本。即使如此，台北捷運公司仍未提高票價，這是因為搭捷運會產生正面的外部效

果，民眾搭乘捷運就會舒緩台北的交通，於是政府給予補貼，就像負課稅一樣，而補貼會反映在票價上，使民眾實際付出的價格低於原本要付的價格。如果捷運是王永慶蓋的，那麼現在捷運的票價就不會訂得那麼低了；正因為是政府蓋的，民眾才能獲得補貼。

　　簡言之，外部性的影響有正有負，此影響是市場價格無法反映的，故政府用課稅或補貼的方式來調整價格，以解決外部利益或成本所帶來的問題。

　　進一步要問：為何抽菸被全面禁止，而喝酒只有禁止酒後駕車呢？香菸盒上的標語是「吸菸有害健康」，而不是「吸菸過量有害健康」；而酒瓶上的標語卻是「飲酒過量有害健康」，可見喝一點酒可以被接受，因為不會對他人有立即性的迫害，唯有酒後駕車的行為被全面禁止。

　　兩者的差別在於：喝酒是自戕，吸菸是戕他。戕他就是負的外部效果，但自戕並不會妨礙到他人，所以這屬於個人自由。喝酒只會傷害自己的健康，不會妨礙到他人，除非是酒後駕車，才有可能造成第三者的傷害。至於吸菸則是只要附近有其他人，就會傷害到別人的健康，所以吸菸者只准在空曠、附近沒有人的地方抽菸。美國禁菸管制越來越嚴，加州規定所有建築物內都不准吸菸，建築物外也必須距離二十英尺才准吸菸。

自由以不侵害別人的自由為邊界,因為抽菸必然會妨礙他人,所以必須加以管制;喝酒則不一定會妨礙別人,不一定會產生負的外部效果,所以只有在確定產生負的外部效果時,才有管制與干涉的必要。

財產權與寇斯定理

面對外部性的問題,還須談「財產權」(property right)概念。假設某個房間裡只有你我兩人,如果允許在這個房間裡抽菸,那麼抽菸的人就擁有房間空氣的財產權;如果禁止在這個房間裡抽菸,那麼不抽菸的人就擁有房間空氣的財產權。所謂的吸菸車廂、吸菸室、吸菸區,這代表吸菸者對於那個空間裡的空氣擁有財產權。世界各國吸菸人口的比例非常懸殊,這與文化有關。美國因為有禁菸運動,所以吸菸人口比例大幅降低。日本、中國大陸和歐洲吸菸的比例也都很高。台灣的中正機場全面禁菸,但是有吸菸室供吸菸者使用;在禁菸令實施前,德國法蘭克福機場則是全面可以吸菸,只有一個地方叫做「不吸菸室」,所以他們的財產權與我們完全相反。

因此可以想像兩個情況,假設某人抽菸,而你不抽菸,若抽菸對他的效益程度是八,二手菸對你的痛苦程度是七,這時該怎麼辦呢?你們或許可以商量,他說如果你允許他吸菸,他

願意付八元給你。你盤算了一下，八元大於七元，拿八元補償你七元的損失，於是你同意讓他吸菸。相反的，假設吸菸對他的效益程度仍是八，但是吸二手菸對你的痛苦程度是九，此種情況下你們兩個還是得商量，但他大概沒有辦法說服你，因為他最多只願意付八元請求你讓他抽菸，但你最少要拿到九元才肯讓步，所以你不會接受他的提議。

這個例子告訴我們，言明某個房間是否能抽菸，此空間中的正反方就會自己去商量，最終使得效益大的一方獲勝。無論房間為吸菸室或禁菸室，只要吸菸效益小於吸菸成本，最後的結果一定不能抽菸；只要吸菸效益大於吸菸成本，最後結果一定可以抽菸。所以這兩種財產權的設定，都會使得效益大的一方獲勝。值得注意的是，所得分配也會受到影響，若為禁菸室，不吸菸者將獲利；若為可吸菸室，則吸菸者將獲利。

上述財產權的概念是由寇斯（Ronald Coase）所提出，他是當代法律經濟學的發軔者，在一九九一年獲得諾貝爾經濟學獎。寇斯認為只要財產權的設定完善，就無須在意外部效果。因此不用理會抽菸會影響他人，只須標示何處可吸菸或不可吸菸即可，之後大家就會自行協商、議價補償，最後的結果一定是有效率的、效益大的一方會獲勝。因此，政府不必過度干預。如果某地標示為禁止抽菸，想抽菸的人不能抽菸，他們就會自動去找不抽菸的人協商。如果有個老菸槍，願意支付一百

元只為吸一口菸,他拿一百元賄賂我們,要求我們五分鐘內暫時通通集中在東南角,好讓他在西北角吸一口菸。假設這一百元讓我們得到的爽快度足以彌補暫時退讓到東南角的不方便,我們就會接受他的賄賂。這就是寇斯想表達的概念,他主張政府無須課香菸捐,只要在某地標示可吸菸或不可吸菸即可。

寇斯的理論背後有一個很重要的假設:協商過程中的交易成本可以忽略。交易成本指協議雙方為達成一致結論,所必須付出的時間、精神或物質耗損。事實上,交易成本是存在的,而且隨協商人數增加而快速上升,協商人數增加後也會出現「搭便車」的問題。易言之,即使是完善的財產權界定也不能完全解決外部效果的問題。假設某個房子裡有二〇一個人,其中有一個人想要抽菸,他必須先說服另外二百個人,這時交易成本很大。若說服一個人要花兩分鐘,說服二百人就得花四百分鐘,而四百分鐘過後,菸癮早就過了,這種情況下協商根本不可行。

中油五輕廠排放的汙水嚴重汙染高雄後勁溪,假設中油欲與當地居民協商賠償事宜,幾萬個居民的協商成本非常大,而且大部分的人都不願意輕易妥協。這也是一種搭便車行為,大家都想當最後一個妥協者,以拿到比較多的賠償金,在這種情況下協商也不可行。所以當交易成本很大時,寇斯的理論就不成立。政府必須透過課稅、強制禁止,或提供補貼才能解決問

題。

　　又如酒醉駕車是一種負的外部效果，酒駕的肇事率很高，所以政府不准大家酒後開車，或者以課稅的方式嚇阻之；酒駕被警察取締後的罰款就是一種課稅。如果按照寇斯的邏輯，政府只要樹立「台北市禁止酒醉駕車」的警告標語即可，接著酒醉駕駛就會自行與可能的被害者協商，最終達到社會最適水準。但誰是潛在的被害者？誰又是潛在的肇事者？其實這種做法並不可行，因為協商的對象無法預知，任何人都可能會被我撞，任何人也都可能會撞到我；即使勉強定義出協商的對象，人數一定也非常龐大。假設二萬個潛在加害者加上二萬個潛在受害者，進行協商的交易就可能有四億個交叉組合，因此，政府不可能放任駕駛與行人自行協商，必須要制定一些強而有力的規範，諸如速限管制、立法禁止酒後駕車等。

政府該不該介入市場？

1. 政府失靈

　　在市場失靈時，如果放任市場運作，往往會產生一些負面效果；但是當市場失靈，如果由國家強制介入，就一定能改善

問題嗎？

外部性或公共財問題是政府介入自由市場所憑藉的兩大理由，但這並不代表政府「該」介入這類問題。即使政府介入，未必能解決問題；或者即使能夠解決問題，也會使社會付出相當代價。這種現象稱為「政府失靈」（government failure）。

政府失靈的原因有二：

其一是政府從來不是「大公無私」的，政府由政客組成，也由政客控制，但因為政府部門的每位成員都是個人效用極大化的追求者，難免會有「假政府之名，行個人效用極大化之實」的情況。說得俏皮一點，就是政府部門可能由豬隻組成，豬隻難免會想自肥，於是就會「假政府之名，行貪汙之實」；權力使人腐化，故官當得越大，成為肥豬的機率越高，政府失靈的可能性也就越大。

其二是社會大眾對公共政策偏好往往不同，在少數服從多數的決策規定下，自然難有盡善盡美的結果。市場失靈時不代表政府就非出面不可，政府也會失靈的。

例如許多人呼籲黨政軍退出媒體，這也是要求國民黨交出黨產的目的之一，因為該黨黨產有一部分就是媒體事業。媒體是公器，不應該交由有特定立場的人經營。監督政府是媒體的職責之一，如果媒體為政府所持有，就無法發揮監督政府的功能，因此黨政軍必須退出媒體，我們才能擁有公正超然的媒體

來監督政府。以前國軍持有《青年日報》，這也是非常不合理的事情，軍方必須服從人民的領導，怎麼可以自己擁有媒體？

媒體不能由國防部、政府或政黨去經營，它必須交由中立的機構去管理，這就是媒體公共化。事實上，媒體公共化的難度很高。需要設計出一個機制選出公共媒體的董事，但此機制通常由政客所設計，故其結果往往違背初衷。很多人批評商業電視台的節目品質低落，因此主張設置公共電視台，也就是公視。公視通常是政府利用公權力，請「社會公正人士」來做節目。

二〇〇七年的台視釋股案曾引發不少爭議，台視為符合廣播電視法中「黨政軍退出媒體」的規定，必須將其公股及外資釋出，結果當時行政院的兩位部會首長竟然暗中運作，計畫將外資的股份轉讓給《自由時報》，但《自由時報》未必是公正客觀的中立者，它的立場傾向支持當時的執政黨，可見執政者掌控媒體報導取向的企圖心。

在概念上，政府應該要大公無私，所以民眾相信公共電視台能夠客觀中立。然實務上，政客們從未放棄染指媒體事業，因為媒體對選民有莫大的影響力，故公視只是理想。我們希望公視能夠發揮教育社會、監督政府的功能，但因為牽涉到太多政治因素，就執行面而言，必然產生許多問題，最根本的原因正是：「政府會失靈」。

2. 大政府與小政府之辯

　　無論是外部性或公共財，通常都是在市場和政府之間進行角力。視政府為烏合之眾所組成者，不信任政府，會希望政府不要管制太多、政府愈小愈好。而認為市場經常被扭曲者，不信任市場，就希望政府多管一點，政府愈大愈好。主張大政府的人通常把市場看得比較醜陋，主張小政府的人通常把政府看得比較醜陋。如果觀察美國政黨，可以發現民主黨贊成大政府，比較希望政府干預多、社會福利制度多、對市場進行適度管制；而共和黨比較支持小政府，希望政府干預少、社會福利制度少、讓市場自由運作。

　　之前提到寇斯主張政府不須管制太多，不用對抽菸者課稅，只要把財產權明確界定出來，清楚標示哪裡可以抽菸、哪裡不可以抽菸，概念上是類似小政府的主張。

汙染、環保與永續發展

1. 永續發展的概念

　　當外部效果牽涉到的範圍很大時，就會產生永續發展的問

題。

　何謂永續發展？環境的承載力有其限制，永續的概念包含
當下與未來。經濟發展應該使自然資源可以滿足當代的需求，
同時不損及後代的利益。假設我們現在把台灣的森林砍光，使
得後代子孫無林可採，這就不符合永續發展的概念。永續發展
就是希望後代子孫能與自然永續共存，所以做任何決策都必須
以不妨礙後代子孫的生存權益為前提。

　二○○七年十二月立法院一讀通過備受爭議的「農業發
展條例」第十八條修正案，計畫將農舍興建的面積下限由現行
○・二五公頃下修至○・一公頃，並刪除對農地繼承者的限
制，使其可以自由建造、轉移土地，將促使農民賣地，不利台
灣農業永續發展。所有的土地使用都牽涉到永續發展，因此世
界各國對土地都有管制。土地和土地之間是相關、連接的，若
不希望國家公園中間有一個鐵工廠，或是住宅區旁邊出現養豬
場，就必須對土地進行管制。

　此外，土地管制也牽涉到永續性。當我就讀台北市仁愛
國中時，學校是仁愛路最後的建築物，過了學校後全是稻田，
但現在稻田都變成大樓了，大樓落成之後回復為農地的可能性
微乎其微。土地具有永續性，當要摧毀一塊農地、綠地或森林
時，這塊土地的面貌將會永遠改變，因此必須慎思明辨，妥善
規畫該土地的用途。

　　第三個土地需要管制的理由是：整體而言台灣一定要有綠地，但是在何處保留綠地，這不能交由市場決定，否則很可能變得滿目瘡痍。所以必須交由政府進行整體的國土規畫；大多數的國家都有國土規畫政策。

　　總結上述，土地需要管制的原因是因為土地有連接性、永續性，還有我們需要綠地。

　　很多決策會同時影響當代與後代，所以必須將此決策對於後代的可能衝擊納入考量，這就是永續發展的概念。例如人類現在排放過量的二氧化碳，造成全球暖化，海平面上升、氣候異常等現象皆會威脅後代子孫的永續發展。又如台灣西南部雲林、嘉義一帶因為超抽地下水，導致該地區地層下陷非常嚴重，一年可達二十公分。在沿海地區，地層下陷更容易導致土壤鹽化、海水倒灌，使地下水不堪使用。這些影響皆是不可逆的，必然會對後代子孫帶來衝擊。

　　對於環保或汙染議題，有一個概念必須謹記：不可能會有零汙染的情況，就像零犯罪率不可能存在一樣。因為防治犯罪需要成本，如果要全面防杜犯罪，將會耗費龐大的社會成本，因此零犯罪率就如同零汙染，兩者皆是無法期待的。

2. 環境汙染的防治方法

　　人類隨經濟發展而日漸增加的汙染，主要有來自製造業或工廠所產生的各種工業汙染，以及政府部門的公共設施（如道路與水庫等）導致的水土保持破壞，或生態環境汙染。此外，一般家庭的廢水、車輛排放以及各種農牧活動，也都是重要的汙染源。

　　汙染的防治方法有以下幾種：

　　第一種是直接管制。直接管制就是由政府針對不同性質汙染源，分別訂定可計量的汙染排放標準，或者直接禁止。歐盟便訂定了嚴格的新車廢氣排放量標準，每公里的二氧化碳平均排放量超過一百二十公克的限額就會課以重稅。又如，若政府直接禁止養豬，就沒有排泄物的汙染；不准抽菸，就沒有二手菸的汙染。

　　第二種是課稅。例如抽一根菸，就課五元的健康捐；工廠每排放超過百萬分之一（1ppm）的汙染物，就對之課稅。但由於汙染量難以精確衡量，所以要對汙染課稅，通常是課在與汙染最密切相關的活動裡。由於無法精確地計算每一戶家庭製造了多少垃圾，只好把垃圾處理費計入水費裡；此外，某人抽菸造成多少空氣汙染，也是無法計算，只好在他買香菸的時候課稅；同樣地，汽車或工廠排放了多少廢氣難以測量，故空氣

汙染捐多附加於油價中。

課徵汙染稅和直接管制是兩個不同的概念，前者是以行政權為依靠，對特定汙染行為採取「禁止」的手段；而後者則以加重汙染行為的經濟負擔為處罰，達到「寓禁於徵」的目的。

第三種就是補貼。為了緩和環境保護和經濟發展間的矛盾，政府有時也會改以獎勵代替懲罰，以補貼代替課稅方式，達到汙染防制目的。假設某地有許多排放汙水的工廠，而且每個工廠都沒有處理汙水的能力，這時候政府就可以補貼興建大型汙水處理廠，協助工廠處理汙水。垃圾掩埋場也是某種形式的補貼，政府出資集體掩埋人民所製造的垃圾，儘管理論上政府並沒有這樣的義務，這等於是在補貼大眾。補貼有時會讓當事人忽略相關的外部成本，有時未必能達到汙染防制的目的，反而可能造成汙染產業過度成長，並使社會整體的環境品質因此惡化。假設政府在某地設立了汙水處理廠，可能會吸引愈來愈多工廠在當地設廠排放汙水，原本這些工廠有義務要自行處理汙水，但因為政府設立了汙水處理廠，業者很可能就會視排放汙水為理所當然，反而助長了汙染產業的發展，使得環境品質日益惡化。

另外一種防治汙染的辦法是發行「可轉讓排放許可」證，這是指由政府先設定整體社會的目標總汙染量，並根據此一汙染量出售排放許可（汙染券）。凡汙染者必須購買排放許可，

並且依所購買的排放許可量從事汙染排放。此外,任何人皆可以購買及轉讓此類排放許可。廠商之間可以透過彼此買賣許可證,促成防治汙染成本高的廠商,向防治汙染成本低的廠商購買許可證,以節省防治汙染成本。

設計「可轉讓排放許可」機制的目的,在於創造出一個汙染的交易市場,透過市場機能,讓汙染防治成本最高的廠商取得汙染券。這種做法之下政府無須干涉太多,很符合寇斯的理論。由於京都議定書對於二氧化碳排放量的約束,可預期汙染券交易這個概念將來會非常火紅。有些國家減少二氧化碳排放量的成本很高,不會願意配合減碳政策。假設世界各國都擁有其各自的二氧化碳排放配額,但是某些落後國家的工業並不發達,對於二氧化碳排放沒有太高的需求,它們就可以將「可轉讓排放許可」賣給那些極需排放二氧化碳的國家。

例如台灣小汽車平均的 C.C. 數大概是一千五左右,美國小汽車的平均 C.C. 數卻是三千以上,美國人已經習慣重二氧化碳排放量的活動,因此要美國減少二氧化碳排放量,他們必須改變許多消費的惡習,但是改變的成本很高,美國人就有動機購買可轉讓排放許可,讓他們可以排放多一點的二氧化碳。中國大陸的經濟正快速發展,各地大興土木,一棟棟高樓與工廠崛起,一條條高速公路開通,中國大陸一定也很不願意降低二氧化碳的排放量,這時購買「可轉讓排放許可」就不失為一

個好方法。

透過政府管制並無法知道誰才是真正想抽菸的人、誰是汙染防治成本非常高的人,唯有透過汙染券交易才可能讓這些人現出原形。汙染防治成本很高者,寧願花很高的代價購買汙染券,而這也能讓那些出售汙染券、較為環保者獲得實質補貼,並且將總汙染量控制在合理範圍。

3. 環境財產權的問題

「可轉讓排放許可」即為一種環境財產權的「轉讓」。依據寇斯主張,這種轉讓交易可以提升效率。美國曾經實施二氧化硫的可轉讓排放許可買賣,成效良好。但可轉讓排放許可也有其問題,例如該發行多少許可券?「可轉讓排放許可」的交易市場又該交由誰來管理,才不會有斂財之虞呢?假設日本的目標是將二氧化碳排放量由目前的一百單位降至六十單位,如果時間很緊迫,日本可能就會選擇將排放量降至七十單位,然後砸大錢向其他國家購買十單位的許可券,如此一來必然會牽涉到各國之間的利益分配問題。

京都議定書規範某些國家必須在二○○八至二○一二年間,將該國溫室氣體排放量降至一九九○年的平均水準,並再減 5.2%,這個數字是協商出來的,但若有些國家(如美國)

不理會這套機制,該如何制裁?又溫室氣體的排放量究竟該計算流量還是存量才公平呢?要針對製造今日問題的人,還是針對現在正在製造問題的人?如果以流量為準,中國大陸等開發中國家應該受到較多管制;如果以存量為準,美國的「貢獻」最大,故美國應該要為全球暖化的問題負起大部分的責任,但若美國受到較多的限制,就會挾其國力而漠視這個協議。

由於減少二氧化碳排放量幾乎已成為全球共識,有些國家就會企圖以此牟利。例如竹子是最能吸收二氧化碳的植物,假設印度大量砍伐森林改種竹子,因為竹子能使印度的二氧化碳排放量大幅降低,創造賣「可轉讓排放許可」券的空間。但如此又會引起破壞生物多樣性的爭議,所以由環境財產權所生的問題是相當複雜的,短時間內難以解決。

3. 核四爭議

有些人堅決反對建核四,乃因核能災害具有不可預測性和不可回復性,對環境與生態存在特有的威脅。概念上,核電廠確實具有「永續性」的爭議。核能發電廠除役之後,廠房設備與核廢料都很難處理,而且核電廠所排放的熱水將對海洋生態造成衝擊,這些問題目前都還沒有萬無一失的解決之道。

法國的民生、工業用電 75% 仰賴核能,其核電廠的密度

是全世界之最，他們擁有較為先進的核廢料處理技術，隨著新技術的發展，台灣核四安全度高於核三，核三又高於核二、核一。擁核者認為，核電廠有種種關卡以防止災害發生，因此，核廢料外溢的機率很低。假設核電廠有五個關卡，五個關卡同時發生失誤的機率極低，所以核災幾乎不可能發生。

但是反核者則認為核災畢竟具有不可預測性，尤其台灣人的品管又很差，不如日本人和法國人那樣謹慎，所以發生核災的機率比較高。意外會發生通常都是人員的問題，一旦人員有問題，任何防災關卡都將不再可靠，這是環環相扣的。同一個人保養五道關卡，如果第一道關卡產生問題，代表第二至五道關卡也沒保養好，這不是機率上的獨立事件，所以核災的機率不能以一般狀況下的認知來評估。

核四與二氧化碳的拉鋸

現在主張廢核的聲音受到挑戰，是因為火力發電會產生二氧化碳汙染，而核能發電雖然有上述缺點，但二氧化碳排放的問題卻未必較輕微；而且在台灣風力、太陽能等其他發電方式，目前仍未臻成熟，無法大規模取代核能發電。台灣在這方面還需要更多努力，大部分的國家都能兼容並蓄，根據本身的條件與限制，同時採用各種發電型式。舉我定居美國的朋友為

例，她在家中裝設太陽能板與兩座風車，如此的發電量已足夠小家庭使用，所以她家的電力完全自給自足。目前台灣的主要發電方式仍為火力發電，一旦廢核，台灣就會完全依賴火力發電，如此一來將造成二氧化碳排放量大增，使得那些簽署京都議定書的國家不滿。台灣雖然不是聯合國、WTO 的會員國，但是國際公約的效力一樣會約束台灣。

核四的爭議點之一，就是一旦造成汙染將無法恢復，但二氧化碳所造成的全球暖化也很難恢復。核電事故和全球暖化的差異為何呢？兩者都具有外部性與相當的不可恢復性，然而兩者受到國際的關注卻不太一樣。

二十年前，反核是國際運動的主流，它可以到處串聯，尤其是一九八六年車諾比爾核電廠爆炸事件發生後，全球的反核聲浪越來越大，台灣的反核運動甚至連西德綠黨國會議員也搭機來台聲援。

如今全球暖化的議題受到更多關注，因為國際壓力的改變，漸漸從反核轉向抑制二氧化碳排放量，在提高核能發電效率的前提下，逐步淘汰火力發電。然而，擁核與反核者有部分是極端的基本教義派，這也是核四攻防戰數十年來僵持不下的主因。環保必須以科學為基礎，依理性做分析，千萬不可落入意識型態之爭。

核四公投,可乎?

以下將自理論面探討核四爭議是否能透過公投解決。如果在貢寮鄉舉辦核四公投,結果一定不會通過;但如果是全台灣二十一個縣市一起進行公投,決定是否要在貢寮鄉建核四廠,由於多數人都有「不要在我家後院蓋就好」(Not in my backyard)的心態,所以通過的機率很高。

若問全台縣市居民一個問題:

「如果在貴縣(鄉)建核四,每人至少可得多少元補貼,你會願意接受?」(複選題)
(1)10 萬　(2) 20 萬　(3) 30 萬　(4) 40 萬　(5) 50 萬
(6) 無論多少錢都不同意

假設三十萬是我的底限,我就會選 (3)、(4)、(5)。注意:上述的選項未必是金錢,也可能是其他建設或補償。例如,視民眾接受度而定,我們可以將題目改為:「如果在貴縣(鄉)建核四,可以讓你的小孩保送上台大 XX 系,你願意接受否?」

如果全台灣有某縣市過半數民眾的選擇不是 (6),就表示該縣市同意建核四。舉例而言,若該縣市有過半數的居民選擇 (4) 或 (5),表示該縣市有過半數的人,願意以每年四十萬以上的代價,交換核四在該縣市設廠。而各縣市補償金額=每人金

額 × 縣市人口，依此計算，補償金額最低的縣市可能中選。

　　這裡的重點是：公投的方式不應為詢問單一縣市「你同意或不同意在貴縣市建核四」，而是要普查所有縣市「在何種補償原則之下，你會同意建核四」。此外，若補償金額過大，則遷村補償也是可以考慮的選項。

4. 危及永續發展的關鍵

可再生資源 vs. 不可再生資源

　　世界銀行（World Bank）曾於一九九二年的《世界發展報告》中探討永續發展議題。該報告距今雖已十多年，但大致上仍可適用。當年度的發展報告將自然資源分為兩類：一類是可再生資源（renewable resources），例如森林、魚；另一類是不可再生資源（non-renewable resources），例如石油、礦物。或許大家會認為不可再生資源的耗竭，會帶來比較大的威脅，但事實上，可再生資源反而被視為永續發展最大的敵人。原本臭氧層破洞，數十年後能夠恢復；森林遭到砍伐，數年之後也能復育；過量的二氧化碳會造成全球暖化，但二氧化碳是流量，滯留大氣層數百年後也會消散。

　　現在水汙染與匱乏、森林濫伐、空氣汙染、溫室氣體過

量、臭氧層破洞、土質惡化、生物多樣性喪失、有毒廢料處理
等可再生資源等問題，才是世銀認為危及永續發展的關鍵。全
球臭氧層正以每年 2% 至 3% 的速度削減，氟氯碳化物的使用
是造成臭氧層破洞的元凶，目前已有國際公約嚴格管制氟氯碳
化物的使用。生物多樣性喪失與森林砍伐的關係最為密切，全
世界都有生物多樣性喪失的問題，中美洲、南美洲和非洲尤其
嚴重。有毒廢料的處理相當棘手，以前述之核廢料為例，境內
處置困難重重，許多國家遂尋求境外處置，將核廢料運往中
國、俄羅斯與北韓等地，如此卻也引起國際環保團體的抗爭，
至今仍難以達成共識。

　　至於水資源匱乏的問題，則與人口增加及氣候變遷息息相
關。基隆從前有雨都之稱，然而近年來由於全球暖化造成氣候
變遷，相較於過去五十年的平均值，基隆的下雨天數減少，但
年降雨量未減，這表示每次下雨就是下驟雨，如此一來水資源
就很難保存，容易造成匱乏。北歐等氣候嚴寒國家比較不會有
水資源匱乏的問題，因為水資源在冬季以雪的形式保存著，流
失的速度較慢。

　　前文提及，自然資源分為可再生與不可再生兩種；理論
上，不可再生資源相對珍貴，但依照世界銀行的說法，造成永
續發展問題的反而是可再生資源，為什麼呢？因為在不可再生
能源市場，價格機能可以發揮作用，替代能源總是能適時填

補。以石油為例,當石油變得稀少時,油價就會上升;油價上升之後,消費者對於石油的需求就會降低,正如近來油價高漲,使得台灣民眾的節約能源意識大增,紛紛換小車或改搭大眾運輸工具。一旦高油價時代來臨,替代能源的研發也會增加,當替代能源研發增加之後,太陽能、氫燃料、生質能等替代能源就會變得愈來愈便宜,進而取而代之。

在美國,替代能源的應用已經相當廣泛,再舉我那位美國朋友為例,她想要為家中的車庫裝電動門,若從家裡拉線很費事,於是她上網購買太陽能板,組裝完工後的發電量足供電動門之用。台灣的能源價格相對便宜,所以目前替代能源仍不普及,但是隨著油電價格不斷攀升,可以預期未來替代能源的價格會降低,資訊也會更容易取得。

世界銀行認為可再生資源反而會阻礙永續發展,是因為不可再生資源的稀少問題獲得重視,而有替代能源的研發,且可以用價格機能解決;但可再生資源屬於公共財,使得價格機能無法正常發揮。假設台大旁邊有一座森林,各系可以視其需求任意砍伐,基於人類的自私天性,每個系都會希望自己多砍一些,別系少砍一點。同理,太平洋的魚資源耗竭是因為新加坡、馬來西亞、菲律賓、台灣、日本等國都在捕魚,每個國家都希望自己多捕一點,別人少捕一點。森林和魚都是標準的可再生資源,其保育屬於公共財,大家都希望別人保育,然後自

己「搭便車」，如果人人都這樣想，市場機能就無法發揮。

為什麼要追求永續發展？

接下來繼續探討其他與永續發展有關的問題。我們經常以人為中心（anthropocentric）去思考永續發展，但是以人為中心會產生盲點，例如受到積極保育的往往是鯨魚、海豚、貓熊等討人喜歡的生物，然而同樣是瀕臨絕種的寬尾鳳蝶、綠蠵龜就比較不為大家關心。以人的角度去決定哪些生物需要保育，難免會忽略生物多樣性的重要，產生一些扭曲。

一九九二年世界銀行提出的報告中提到，「不要妥協掉未來子孫的種種機會」（without compromising the ability of future generation to meet their own needs）。就字面上來看，這仍是以人為中心的觀念。但無論是否以人為中心，任何永續發展的議題都建立於一個基本共識：留給後代子孫充分的決策空間。羅爾斯有一個著名推論，假設針對某個議題有 A、B、C、D 四種哲學理論，而且每個理論各有支持者。如果 A、B、C、D 可以得出一個共通的結論，這個共通的結論就稱為重疊共識（overlapping consensus），我們可以用這個重疊共識為基礎。不論是否以人為中心，都能得出一個重疊共識：我們希望留給後代子孫一個轉圜的餘地，讓他們還有決策的空間。

未來子孫如何納入永續考量?

　　現在討論永續發展是從我們這一代的觀點出發,但既然主題是「永續」,就必須將五代、十代以後的情況也納入考量。假設一個人死亡的代價是一千萬元,我們將每個人未來的死亡代價按折現率 5% 折現,就現在的觀點來看,三百年後死了一個人就等於沒死一樣,因為折現值趨近於零。說「要為未來的子孫留下決策空間」,頂多只能考慮到五十、一百年以後的情形而已,三千年以後的子孫對你我而言,根本微不足道。但永續發展不能以這種僵硬的折現概念衡量,如果每個人都假設三百年後為世界的終點,於是從現在開始砍樹,砍到三百年後剛好剩下最後一棵,這種思維會產生邏輯上的矛盾,造成不久之後就無法為子孫留下轉圜的餘地,不符合永續發展的概念。永續發展的問題往往是因為從現代人的角度出發,會給予後代子孫太小的權數,因而耗竭過多當代的資源。

　　儘管我們承諾會將後代子孫的福利納入考量範圍,但事實上,這還是以我們這一代為中心的父權思考,而非平權思考。若夫妻平權,則太太與先生共享決策權;但是在討論永續發展議題時,未來的子孫不存在於現代,所以無法主張後代子孫與我們平等享有決策權,如此就產生了一個邏輯上的矛盾點,照理說後代子孫應該享有發言權,這也是永續發展問題的癥結。

綠色國民所得

　　本講最後要介紹一個新興概念：綠色國民所得（Green GDP）。所謂的綠色國民所得，就是將環境成本自國民所得中扣除，以衡量經濟發展對環境的衝擊程度。

　　可以將此概念比作會計中的折舊。一家公司計算獲利時，應該將折舊費用自營業收入中扣除。假設某公司的年營業收入為一千元，廠房設備原始成本為五百元，但是廠房設備使用後會損耗、折舊，一年後也許只值四百元，故該公司當年度的獲利應該是營業收入一千元減除折舊費用一百元。

　　同理，台灣目前的國民所得約為每人一萬六千元美金，但是這個數字並未扣除「環境的折舊」，可能不盡正確。台灣在創造國民所得的過程中，砍伐森林、製造汙染、排放二氧化碳，這些都屬於「環境的折舊」。在永續發展概念之下，將環境成本納入考量的綠色國民所得才能反映我們的經濟實況，就像公司應該將機器的折舊費用自獲利中扣除，才能產生真實的財務報表。例如科威特的國民所得主要來自於石油出口，但在該國國民所得增加的同時，石油的存量正在下降。若將石油的減少視為折舊，該國的國民所得成長其實不如預期。

　　假設某甲的公司陷入經營危機，為了彌補虧損，某甲動歪

腦筋將成本一美元的一包衛生紙，以一百萬美元賣給他叔叔，如此當年度的營收就虛增了一百萬美元。但某甲的叔叔並不願意吃虧，於是和他簽了一個契約，要求一年後某甲必須以原價買回該包衛生紙。這就是一個假交易。二〇〇二年美國第七大企業安隆（Enron）無預警破產，使得廣大投資人血本無歸，正是肇因於該公司長期捏造假交易並發布不實財務報表。理論上，公司應該於財務報表上附註揭露該筆契約的存在，如果財報中未揭露，就屬於財報不實。

同樣地，自然資源是上帝的，我們向祂借來森林，應該要在報表上做附註揭露，言明森林其實是老天爺借給我們的。綠色國民所得的精神，就在於補充傳統 GDP 所忽略自然資源耗損，以真實呈現人類與自然的會計報表，這是與永續發展相關的觀念。

§ 推薦延伸閱讀 §

戴華（1994）〈「永續發展」的規範意涵〉，《台灣經濟預測與政策》，24(1): 63-98。

World Bank (1992) *World Development Report: Development and the Environment*. Washington, D.C.: World Bank.

第**15**講
台灣的國際經貿環境

前　言

　　本講的主題為國際貿易，我們將分為三大部分進行探討：第一部分簡述國際貿易理論，作為瞭解國際經貿的基礎。第二部分介紹現有的世界貿易制度，包含區域性貿易組織（Regional Trade Agreement, RTA）的類別與現今發展概況。第三部分討論在世界貿易制度下，台灣對外經貿概況以及面臨的危機與挑戰。

國際貿易理論

1. 生產可能線

　　在介紹國際貿易理論前，必須先說明「生產可能線」（Production Possibility Curve）。所謂「生產可能線」，是指在既定條件的限制下，一國（或廠商）以最有效率的方式生產，所能達到兩種產品間最大可能的所有生產組合。假設某國只生產 x 與 y 兩種產品，且該國以最有效率的方式，投入所有資源從事生產，若我們將各種可能的（x, y）最大產出組合描繪出

來，並將各組合點相連形成一條線，這條線就稱之為「生產可能線」。

　　以下舉例並配合圖一說明何謂「生產可能線」。假設甲國生產兩種商品：酒（W）與個人電腦（PC）。若甲國全力投入生產酒，則可生產 1 單位，此時電腦的產出為 0，為圖一中生產組合之點 A（1, 0）；若甲國全力投入生產電腦，亦可生產 1 單位，酒的產量則為 0，為生產組合之點 B（0, 1）；若甲國同時生產電腦與酒，可能達到的最大產量各自為 0.5 單位，為生產組合之點 C（0.5, 0.5）。依此類推，將甲國各種可能的最大產出組合連線，便可形成甲國的「生產可能線」。在此例中，由圖形觀察亦可推論出此線為負斜率，且斜率為 -1。

圖一：甲國的生產可能線

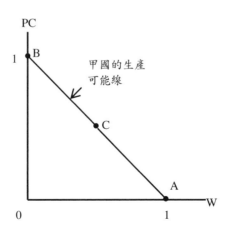

圖二：甲國消費的可能範圍

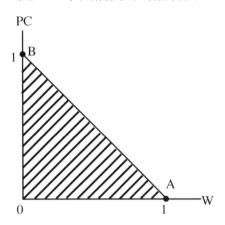

由於「生產可能線」刻畫的是產品最大產出組合點之連線，因而在線內的各點亦是可以生產的組合點。依循上例，甲國國民若要消費，可以在「生產可能線」內的任一點做選擇，圖二中的三角形斜線區域即為甲國消費的可能範圍。

2. 古典國際貿易理論
──「絕對優勢」與「相對優勢」

承接上例，假設世界上除了甲國，還有乙國，而乙國也只生產酒與個人電腦兩種產品，但乙國的生產可能線並不一定與甲國相同。圖三是乙國的生產可能線。乙國若全力生產酒，可

圖三：乙國的生產可能線

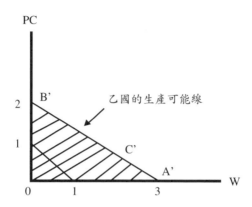

產三單位，生產組合之點 A'（3, 0）；若全力生產個人電腦，可產二單位，為生產組合之點 B'（0, 2）。依循前段所述之方法，將乙國各種最大產出組合點連成一線，即可形成乙國的生產可能線。

觀察圖三可推論出，乙國亦可達到同時生產二單位的酒與三分之二單位的個人電腦之組合（C' 點）。而乙國消費的可能範圍乃圖三中斜線的三角形區域。

若將甲乙兩國放在一起比較，可看出乙國無論是生產酒或個人電腦，都比甲國的產量大，亦即乙國較甲國在生產上占優勢，我們可以稱乙國具「絕對優勢」（absolute advantage）。現實世界中亦存在大小國的差異，甲國如台灣，乙國如日本。

　　在上例中，乙國在各方面都比甲國強，我們不免會產生一個疑問，若乙國在生產上具有絕對優勢，那麼兩國之間還需要貿易嗎？古典經濟學家李嘉圖（David Ricardo, 1772-1823）曾提出一個重要的觀點，他認為兩國的貿易應該視其「相對優勢」（comparative advantage），而非絕對優勢而定。簡言之，相對優勢是一種自我比較所得出的結論。

　　從圖四可推論出，對乙國而言，多生產一單位的酒須放棄三分之二單位的個人電腦；對甲國而言，多生產一單位的酒，須放棄一單位的個人電腦，所以乙國在生產酒上具有「相對優勢」，亦即乙國多生產一單位的酒必須犧牲的個人電腦數量較少。同理，乙國多生產一單位的個人電腦，須放棄一又二分之一單位的酒，而甲國多生產一單位的個人電腦，只須放棄一單位的酒，所以甲國在生產個人電腦上具有「相對優勢」。由此可知，乙國雖然具有絕對優勢，但兩國的相對優勢並不相同。

　　當兩國具有不同的相對優勢時，是否有必要進行貿易呢？假設甲國同意少生產一單位的酒，多生產一單位的個人電腦；而乙國同意多生產一單位的酒，少生產三分之二單位的個人電腦。換言之，若甲乙兩國取得共識，彼此同意甲國多生產個人電腦，而乙國多生產酒，整體而言，雖然酒的總產量未變〔(+1) + (-1) = 0〕，但是兩國生產的個人電腦總合較先前各自生產的產量多出三分之一單位〔(+1) + (-2/3) = 1/3〕，亦即

圖四：甲乙兩國不同的機會成本

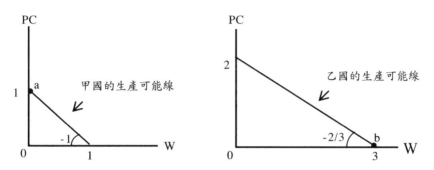

兩國經過協商後，個人電腦的總產量會多出三分之一單位。這三分之一單位的個人電腦就是彼此分工所產生的貿易利益，亦是兩國相對優勢不同所產生的結果。

在此例中，乙國應更專心生產酒，而甲國應更專心生產個人電腦，然後交換彼此的產品。換句話說，只要甲乙兩國之間存在相對優勢的差別，兩國應各自依循相對優勢而朝專業化生產移動，然後再彼此貿易，如此一來兩國皆可從中獲利。總之，絕對優勢並不重要，相對優勢才是關鍵所在。

由另一個觀點切入，國際貿易的道理其實如同人際貿易。我們無須在意「某人事事都強過我」，這只代表對方擁有絕對優勢，但是每個人都有各自的相對優勢，只要相對有用，就會有用。詩仙李白曾說「天生我才必有用」，「相對優勢論」即為其立論基礎。

藉由上述內容的分析可知，WTO 之所以希望各國開放貿易，乃是因為開放貿易會促使各國專業化生產並在貿易的過程中得利。開放貿易一定比不開放好，因為至少多了一個選項：可以選擇開放，或是不開放。但是為何每次 WTO 開會都曾爆發許多遊行抗議，甚至是暴力衝突呢？關於這點稍後會再加以說明。在討論開放貿易帶來的潛在問題之前，必須先介紹現在世界的各種貿易制度，才能做更深入的探討。

世界貿易制度與組織

1. 世界貿易組織

在全球各種貿易組織中，WTO 扮演相當重要的角色，其前身為一九四八年一月一日成立的關稅暨貿易總協定（General Agreement on Tariffs and Trade, GATT），至一九九五年時才正式改名為 WTO。目前台灣也是會員國之一，於二〇〇二年一月一日生效，是其第一百四十四個會員。

「多邊主義」與「最惠國待遇」

WTO 最大的特色在於「多邊主義」與「最惠國待遇」。

「多邊主義」對應的是「雙邊主義」；以一九四八年作為分水嶺，雙邊主義和多邊主義先後主導世界貿易型態。

「雙邊主義」即是兩國之貿易關係由彼此協定，在此制度之下，台灣若想與他國談貿易協定或關稅等貿易條件，必須和不同的國家各自洽談，亦即台灣要對日、英、美等國分別洽談貿易條件。

「多邊主義」則是指當一國與多國之間存在不同的貿易條件時，每個國家都可以比照享受最優惠的貿易條件。若台灣對日本開放的貿易條件相較於美國更為優惠，在「多邊主義」之下，美國可以向台灣要求享有與日本相同的優惠貿易條件。

一九四八年以前，國際間多採行「雙邊主義」，以「互惠」（reciprocity）為基本原則；而一九四八年之後，國際貿易改採「多邊主義」，以不歧視（最惠國待遇）和建立規則為基本原則。

WTO 所採行的是「多邊主義」，也就是 WTO 的會員國可以要求享有各國雙邊貿易中「最優惠」國家的貿易條件，亦即最惠國待遇（most favored nations）。假設台灣先與英國協定汽車進口關稅為 25％，之後台灣若與日本協定汽車進口關稅為

22％，則英國可以立即向台灣要求將關稅降至22％，與關稅最優惠的日本相同。WTO採行可享有最惠國待遇的「多邊主義」，所有會員國都有權利要求貿易對象給予最優惠的待遇。由於每個國家都能適用最惠國待遇，所以這是「不歧視」的原則。

WTO採行「多邊主義」的好處，是可以節省許多談判成本，也可以減少「暗盤」的發生以及兩國之間因談判而產生的摩擦。國與國之間進行貿易談判的時間和金錢成本相當高，而且雙方談判者的能力不同也會產生不同的結果，尤其在龐大的國際組織間，各國一一單獨談判的成本很高。WTO會員國之間無須各自接觸談判，只要與其中一國建立經貿管道，即可直接享有各國中最優惠的條件。換言之，最惠國原則使得雙邊談判的效力擴及他國，可以說是WTO的根本大法。

國民待遇

WTO的另一個特點就是國民待遇（national treatment）。前述「最惠國待遇」談的國與國之間的貿易條件；而「國民待遇」談的是國境內的條件，國外商品通過海關後，在國內市場上應享受與國內商品相同的待遇。假設台灣進口一部德國車，這輛車通過海關後就視同本國車，政府不能在高速公路上只檢查德

國車是否符合環保標準，或是禁止德國車行走雪山隧道等。

藥品以前是不屬於國民待遇的常例之一，日本以前甚至要求進口藥品必須檢附藥廠所有員工的健康報告；但大藥廠如拜耳（Bayer AG）截至二〇〇六年十二月三十一日為止，全球員工共有十萬六千人，若每位員工有兩頁的健康報告，那麼總頁數就高達二十多萬頁，如此確實會增加國外產品進入本國市場的難度。然而依據國民待遇原則，日本若不要求本國藥廠的全部人員健檢表，就不能要求他國藥廠的健檢資料。

再以進口咖啡豆為例，以往各國海關常以再次檢查為由，阻礙食品進口或是延長其通關時間。在國民待遇原則之下，國外商品只要通關完成，輸入國就不能以任何理由再次檢查，但各國可以要求國外商品在通關前一次檢查完畢。

國民待遇的範圍包括國內稅、費率、標準、優惠等。WTO 要求國民待遇的主因為 WTO 無法規範各國的「內政」，因此透過此項措施以收統一之效，使會員國的國內規章不會構成貿易的障礙。換言之，在國民待遇的條件下，國外商品可以避免會員國為了保護國內產業所設置的諸多路障。

2. 區域性貿易組織的四大類型

區域性貿易組織可分為四大類型：自由貿易區、關稅同

盟、共同市場與單一市場。這四大類型的畫分有漸進式的差異，也是台灣目前最需要注意與擔憂的部分。

自由貿易區／協定

「自由貿易區／協定」（Free Trade Area / Agreement, FTA）是指成員國之間貿易免關稅。如二〇〇七年四月二日美韓簽署的自由貿易協定，目的在於降低美國與南韓之間的關稅與非關稅貿易壁壘，未來美國與南韓之間的農產品、汽車、紡織、服務業等貿易免關稅。美韓自由貿易協定預計最快在二〇〇九年生效，屆時將取消雙邊貿易中 85％ 的工業品關稅，剩餘關稅將在之後的三到十五年內逐步取消，雙方並承諾開放農產品、汽車、紡織、服務業、電子商務、智財權等市場。

關稅同盟

「關稅同盟」（Customs Union）是指：成員國之間對內對外的關稅皆一致。

以歐盟為例，其成員國英國、法國、德國、義大利等歐洲國家間彼此的貿易免關稅，先形成自由貿易區，再進一步形成關稅同盟，不僅對內一致免關稅，對外的關稅也一致。歐盟的

情況將在後文中詳述。由自由貿易區轉變至關稅同盟，可以譬喻成大家先是交朋友，後來形成幫派。

共同市場

「共同市場」（Common Market）指的是：成員國之間不僅關稅同盟，生產要素的交易也都自由且免關稅，亦即工資、地租、機器、資金等生產要素，可以於共同市場中自由移動。

跨國的資金移動在過去往往受到限制，但在共同市場之下將不再受限。若將共同市場中生產要素的自由移動條件推至極限，則連人才的移動都不能硬性規範，因為人也是生產要素的一種，除非有特殊情況，捷克人要到德國工作不應該受到限制。

共同市場中的各國基本上幾乎形同一個國家。承前述比喻，在共同市場中幫派成員不只一致對外，甚至成員彼此家中的資源都可自由流通。

單一市場

最後要介紹的是「單一市場」（Single Market），意指：成員國之間為一個共同市場，彼此之間完全沒有規範。亦即若德

國與法國形成單一市場，則原先德國和法國各自的市場將整合為同一個市場。

上述四大類型的區域性貿易組織呈漸進式的發展，開放與整合的程度越來越高，彼此的優惠也越來越多。

關稅暨貿易總協定第二十四條及服務業貿易總協定（GATS）第五條針對區域性貿易組織（RTA）有特別規範，允許 RTA 可以違反「最惠國待遇」原則，也就是形成區域性貿易組織後，WTO 要求各國皆可享有最優惠國家的貿易條件不適用於此區域性貿易組織內。例如北美自由貿易區（North American Free Trade Area, NAFTA）的成員國為美國、加拿大與墨西哥，若彼此間有減免關稅的經貿交流，則此項優惠關稅不能被其他 WTO 會員國享有；亦即其他 WTO 會員國不能適用美加墨三國的最惠國待遇。

另一個違反最惠國待遇的例子為歐盟。在眾多的區域性貿易組織中，以歐盟最為成熟，且此組織已經接近單一市場，尤其是在發行單一貨幣後。接下來要對歐盟的發展歷程做更詳細的介紹。

3. 歐洲聯盟

「歐洲聯盟」簡稱為歐盟或歐聯，乃自歐洲共同體（European

Community, EC）的基礎發展而來。

　　一九五七年，法國、德國、義大利、荷蘭、比利時與盧森堡六國依照羅馬條約（Treaty of Rome）成立歐洲經濟共同體（European Economic Community, EEC）。後於一九七九年成立歐洲議會（European Parliament），易名為歐洲共同體，此時會員國增至九國，至一九八一年又增至十二國。

　　一九九三年，馬斯垂克條約（Maastricht Treaty）生效，會員國同意將該組織擴大為「歐洲聯盟」，此時已有十五個成員國。二〇〇四年又再加入十個中東歐新會員（波蘭、捷克、匈牙利、愛沙尼亞、拉脫維亞、立陶宛、馬爾他、斯洛伐克、斯洛維尼亞、賽普勒斯），變成二十五個會員國。二〇〇七年再加入兩個會員國（保加利亞、羅馬尼亞）。至二〇〇八年六月為止，歐盟共有二十七個成員國。

　　就歐盟演進的歷程來看，歐盟是由關稅同盟演進至共同市場，未來將再演進至單一市場。歐盟在經濟上有一項重大的突破：成員國間建立共同貨幣——歐元（EURO, €）。歐元於一九九九年一月一日引入無形貨幣（旅行支票、電子支付、銀行業等）領域，並於二〇〇二年正式發行紙鈔及硬幣，作為歐盟國家的法定貨幣。在歐洲貨幣制度（European Monetary System, EMS）下，各成員國已經實施匯率共同浮動。目前甚至有關於「歐洲憲法」的討論，但現階段而言，時機似乎尚未成熟。

　　值得一提的是，就歐盟的發展過程來看，歐盟將可能是在人類史上第一個由經濟結盟逐漸發展成一個國家的例子。各國以逐步降低關稅的方式，整合為一個共同市場，進而允許生產要素自由移動，並發行共同貨幣，過去未曾出現這種國家組成方式。一旦歐洲憲法真正制定並實施，就可以將歐盟視為一個國家。國家的四個組成要素為主權、政府、土地和人民，這些都是有形的要素。而無形的國家組成要素之一為貨幣，貨幣不但具有經濟上的意義，也是一種展現國家主權的工具；某些很小的國家禁止使用非本國發行的貨幣，這即是藉由貨幣的使用來展現國家主權。歐盟成員國原來各有其貨幣，各國必須放棄貨幣主權，才能完成貨幣的統一，工程浩大且艱鉅，但歐元終究還是在排除萬難後發行，相當難得。

　　歐盟貨幣統一後，許多相關的事務也必須逐步邁向統一，經濟層面的統一尤其迫切。例如歐元成形後，必須要有一個統一發行單位，歐洲中央銀行（European Central Bank）遂於一九九八年成立，綜理歐盟各國的貨幣與金融政策。就經濟層面而言，如今歐盟各國已相當統一，其差異主要表現在文化、教育和國防等面向。文化和教育本質即為「多元」，各國之間必然存在差異；國防則是因為國與國之間的互信基礎還不穩固，一旦喪失國防能力將無法捍衛最終否決權，因此國防不太容易達成統一。

　　即使歐洲憲法尚未通過，歐元發行之後，仍然對世界經濟產生重大衝擊。以往，美元是世界唯一的共通貨幣，而世界各國也都以美元保有其外匯，這是因為以往除了美國，就沒有其他國家的貨幣夠強勢，能夠給各國「穩定」的期待。歐元成形後，局勢逐漸改觀。英、法、德、義等國各自看來都還不夠強勢，但合起來絕對是「超級大尾」。於是，在歐元誕生後，許多國家開始選擇以歐元保有其外匯，使得美元與歐元同時成為國際貨幣。

　　各國要如何將其部分外匯由美元轉為歐元呢？如同第九講介紹的供需概念，當然是賣出美元、買進歐元。而美元供給增加、歐元需求增加的結果，將導致美元開始跌價（貶值）、歐元開始漲價（升值）。過去數年，歐元與美元正反映出這種一漲一跌的走勢。

　　當美元不斷走貶、歐元不斷升值時，兩個集團的國際影響力也會同步升跌。以往，全世界都是美元的勢力範圍，美國自然一言九鼎。如今，歐美平起平坐，美國老大哥的地位自然不復當年。

4. 東南亞國協

　　亞洲最重要的區域性貿易組織為東南亞國協簡稱東協。

東協的會員國截至二〇〇七年底共有十國：菲律賓、印尼、泰國、馬來西亞、汶萊、越南、新加坡、寮國、緬甸與柬埔寨；這些會員國與台灣的關係都相當密切，其中前七個國家也是亞太經濟合作會議（APEC）的會員國。東協的會員國以共同有效優惠關稅（Common Effective Preferential Tariff, CEPT）的方式運作，計畫於二〇一〇年完成東協自由貿易區（ASEAN Free Trade Area，簡稱 AFTA）。

與東協關係最為密切的國家是中國，所謂東協加一（ASEAN+1）是指東協十國再加上中國，雙方於二〇〇四年正式簽署自由貿易協定，計畫於二〇一〇年完成「中國一東協自由貿易區」（CAFTA）全面貿易自由化，自二〇〇五年起，已針對部分商品協商免除關稅。

另一個常見的名稱是東協加三（ASEAN ＋ 3），就是東協十國再加上中國、日本與韓國，東協加三目前仍在研議階段，預計可能於二〇一〇年達成自由貿易協定。上述兩個自由貿易區若成形，將對台灣帶來莫大的威脅。此外，還有其他雙邊自由貿易協定，已經生效的有日本與新加坡、日本與馬來西亞；在談判中的有日本與泰國、日本與菲律賓、日本與澳洲、日本與印尼；已完成談判的有韓國與東協；以及已簽署的韓美自由貿易協定。上述協定對台灣都會造成威脅。

這些亞洲自由貿易區的形成，一再顯示台灣面臨的貿易危

機。就地理位置來看，台灣的對外貿易與上述國家密不可分，而當這些國家形成自由貿易區，彼此之間的貿易實施關稅減讓時，便會削弱對台灣貿易的需求，使得台灣漸遭邊緣化。舉一個真實的例子：某個生產皮箱的台商到大陸設廠，皮箱內層質料較好的布料仍必須由台灣進口，但是在中國與東協簽訂自由貿易協定後，因為彼此之間的關稅較為優惠，廠商為了節省成本，即使越南布料的品質較差，可能仍會選擇採購越南的布料、放棄台灣的布料。

台灣對外的經貿概況

介紹完世界的貿易制度與自由貿易區形成的概況後，以下我們將討論台灣對外經貿概況以及面臨的危機與挑戰。

1. 台灣的邊緣化危機

若亞洲的自由貿易區發展成為東協加三再加上美國，那麼台灣的經貿局勢將更為孤立。中國與美國分別是台灣的前兩大貿易國，由於自由貿易區的成員國可享有關稅優惠，彼此的貿易摩擦會越來越小，自然不願與區外的國家進行貿易。如前

所述，原先可以從台灣出口的布，可能會被同是會員的越南、馬來西亞或泰國等國所生產的布取代，其他商品也有類似的情況，如此形同將台灣排除在外，屆時台灣將只能揀「區內挑剩的國家」進行貿易。

由台灣經濟部委託的研究報告指出，亞洲形成的自由貿易區除了會影響貿易，還會影響研發、設廠的位置選擇。因為自由貿易協定對自製率有相關規定，要求彼此間貿易的免關稅商品必須達到某個自製率。如美韓自由貿易協定簽署後，美國可以要求韓國出口至美國的液晶電視若要適用自由貿易協定的關稅優惠條件，則其自製率須達一定程度（如90％），否則可能會有其他國家利用美韓間的貿易優惠，在韓國的港口過境、或只在韓國做非常簡單的加工後，再出口到美國，而享有美韓自由貿易協定的條件，那對美國而言相當不公平。因此，要求自製率才可以真正達到自由貿易區的目的。

除了上述所討論的貿易，廠商研發的區位選擇亦受自由貿易協定影響。美國是世界第一大經濟體，也是台灣的重要貿易對象，假設台美之間不若美韓之間存在自由貿易協定，跨國廠商就會傾向選擇於韓國進行研發，因為研發成功後的零件可以直接在韓國製造，一旦符合自製率條件，屆時即可享受自由貿易協定的優惠，如此一來，台灣形同將大部分的知識經濟版圖拱手讓給韓國。

2. 兩岸關係的借鏡：古巴與美國關係

　　古巴位於中美洲，地處美國「後院」。古巴領導人卡斯楚於一九五九年革命成功，建立新政權。卡斯楚與蘇聯政府友好，協助蘇聯在古巴建立飛彈基地。當時美國的甘迺迪總統態度強硬，兩相對峙之後，於一九六二年十月終促成蘇聯撤出飛彈，這是當年著名的「古巴飛彈危機」。

　　雖然「古巴飛彈危機」是一個政治事件，但古巴卻因此惹毛美國，於是美國自一九六〇年起，即禁止石油輸出古巴，並開始種種的經貿封鎖。美國甚至於一九六一年派遣傭兵攻擊古巴，試圖推翻卡斯楚政權，但未成功，史稱「豬玀灣事件」。迨冷戰結束後，美國仍然在經濟上封鎖、孤立古巴，包括：禁止美國公司和其海外公司與古巴貿易；在古巴港口停泊的船隻，半年內不准進入美國港口；禁止為古巴運貨的外國船隻停靠美國港口；禁止在古巴進行投資或與其進行貿易的公司進入美國營業；阻止國際貨幣基金與世界銀行提供古巴金融支援。其中，以切斷金援的影響最為重大，因為國際貨幣基金與世銀對許多開發中國家的經濟發展，提供相當的資金援助。

　　歷年來，古巴不斷要求聯合國結束對古巴的經濟封鎖，但成效有限；因為形勢比人強，很少有國家願意觸怒美國而擁抱古巴，國際上就是如此現實。因此，四十多年來，古巴迄今的

出口品仍以糖、菸草等農產品為大宗。

　　台灣應以古巴經濟困境為借鏡，好好處理與中國、東協的關係。台灣面積為三萬六千平方公里，古巴面積為十一萬平方公里，古巴和美國的關係，與兩岸關係有許多相似之處。

　　古巴長期維持以農業為主的單一經濟發展模式，主要的原因還是美國的阻撓；種種的貿易阻礙之下，古巴的經濟無以為繼。台灣雖然頗具經濟實力，非古巴所能及，但老本再雄厚，也有坐吃山空的一天，台灣必須知所警惕。與古巴不同的是，台灣可以有選擇，不必然、不應該走上「被經濟封鎖」的路。

　　目前台灣最大的經濟封鎖威脅，來自於東協加三和美國所形成的自由貿易區，一旦成形將使台灣面臨經濟邊緣化，問題的嚴重性不容忽視。此一局勢的發展是由誰在背後主導？當然是中國。美國是世界經濟強權，有實力對古巴進行經濟封鎖；中國尚不如老美，目前不便對台灣實施經濟封鎖，但是在結合東協十國之後，中國即有實力將台灣「邊緣化」。東協成立的時間很早，但是會員國之間的洽談並不積極，自從中國加入之後，互動才開始變得頻繁。「中國—東協自由貿易區」也在中國積極推動下，即將於二〇一〇年成形。中國的態度之所以如此積極，一方面是出自於經濟考量，另一方面則是出自於戰略考量，欲以經濟孤立取代武力威嚇，迫使台灣就範。此外，由中國主導的東協預計於二〇一五年發行「亞元」，屆時東協加

三的自由貿易區內，貿易關稅與壁壘將大幅降低，但對區外壁壘則相對增加。若是台灣被排除在外，可以想見，台灣從此將徹底被邊緣化，在這種情形下，許多人憂心台灣可能必須仰賴勞力出口才能生存，恐怕並非危言聳聽。

古巴目前主要出口農產品和棒球，而農產品中最有名的是咖啡、雪茄；由於古巴受到經濟封鎖，所以只能生產原有的農產品，而無法發展工業。若東協加三真正成立後，台灣的進出口條件將大為不利，出口產品將不易賣出，而進口產品又比別人貴，形同被貿易封鎖。

古巴人民對於自身的困境並非不瞭解，但古巴是極權國家，人民沒有不同意的權利。「外力壓迫」或許有助於卡斯楚穩定其政權，古巴長期受到美國帝國主義的壓迫，人民在民族主義的召喚下，覺得需要勒緊褲帶、抵禦強權，這不正像是台灣最近上演的戲碼嗎？

結　語

知識經濟、網路時代、區域貿易發展和全球化趨勢等議題，都是二十世紀至本世紀各國必須面對的大環境，其中區域貿易發展對台灣而言尤其關鍵。近年來，每逢選舉，少數政客

必定炒作統獨議題，不斷激化對立，然後再以北京的強勢回應，去召喚本土的民族意識，如此惡性循環的結果，將導致台灣有可能步上古巴的後塵，逐漸被邊緣化，這不僅僅是中國所造成的，也與國內政客的不當操作有關。

環境需要時間改變。前中研院院長李遠哲曾經指出，台灣與中國大陸之間沒有深仇大恨，只是近數十年來有些歷史情結，要化解這些情結需要時間，時間能為兩岸帶來更多的選項空間。相反的，如果我們強迫自己在短時間內做出選擇，就會面臨許多風險，甚至可能引發戰爭。

台灣該如何爭取時間？當然要靠經濟實力和智慧來爭取時間。孔子訓誡子路：「暴虎馮河，死而無悔者，吾不與也。」（典出《論語・述而》）「暴虎馮河」並不是真正的勇敢，一旦台灣步上古巴的後塵，就會喪失經濟實力，也會錯失以時間換取更多選項的籌碼。其實統獨問題並沒有太大的急迫性，台灣現在可能只有祖父級的人，才會對國共歷史有深刻的感觸，兩岸問題實無須急著找出結論或答案。國與國之間的危機可以日漸升高，亦可以逐步化解，至於該如何將時間拖長則是一種藝術。

政治應該為人民服務，這理應是所有政治人物的行事準則，但現實卻不然。台灣人民要戰爭嗎？要過苦日子嗎？要子女回到農業時代嗎？答案當然是否定的。台灣人民要過有尊嚴、安和樂利、子孫有未來的好日子，台灣人民並不希望把這

塊寶島變成古巴。本書中再三強調「人本」的觀念，而和平正是「人本」的大原則。

面對邊緣化危機，台灣該如何應對？又該如何在統獨之間尋求一個平衡點？第十三講曾引電影《教父2》中的對白：「親近你的朋友，更要親近你的敵人！」對統派者而言，中國就是朋友；對獨派者而言，中國就是敵人。比硬碰硬更好的方法是：一方面多結交國際盟友，並獎勵本國廠商與國外大廠合作，爭取聯合投資或設廠。從前美國獨大，但如今已不可同日而語，聯美制中日漸困難，如前所述，近年來美元持續走弱、歐元漲勢不斷，這表示美國的經濟實力正在衰退，而歐盟逐漸崛起，開始有能力與美國分庭抗禮。

清代思想家龔自珍在〈乙丙之際箸議第七〉中言：「豫師來姓」。「豫」是假借「預」字，「師」即是師法、學習，而「來姓」則是指新政；在家天下歷史的時代，若舊政權被推翻，那麼取而代之的就是新的王朝、新的姓氏，簡稱為「來姓」。預先師法新王朝的優點，才可能成功避免被新王朝推翻，這就是「豫師來姓」所要表達的意涵。全書最後想藉龔自珍之語作為對台灣未來的建言，台灣在國際經貿趨勢中面臨的危機，主要來自於東協加三形成的貿易聯盟，應該要預先學習潛在威脅者的優點，才能避免被「邊緣化」。

第三冊至此告一段落。在此冊中，我們介紹知識經濟、網

際網路、全球化、永續發展、國際經貿五個主題，都是台灣在
二十一世紀所面臨的大問題。社會科學基於人本、貫穿法政經
社，一則幫助我們圓融貫通地理解社會，二則也有助於我們尋
找出正確的方法，解決當前的問題。筆者所知所學有限，只能
勾勒社會科學的知識輪廓，無法在各個領域引領讀者做細密的
思考。這「只勾形貌、不泥細節」的啟蒙努力，也許算是清末
龔自珍另一句名言「但開風氣不為師」所描述的心境吧！

§ 推薦延伸閱讀 §

陳添枝、劉碧珍、翁永和（2007）《國際貿易導論》（二版），台北：
　　雙葉書廊。

後 記

述記文章一二篇，
化育天下學子近融圓

　　二〇〇八年八月起有幸替《中國時報》寫個專欄，竟然還能任自己給專欄取個標題名稱，殊為不易。這個專欄主題不限，不必是財經、產業之類的銅臭議題，也不必是教育、勵志之類的正經八百。正因為主題不限，標題取名也就十分難做決定。幾經思考，我將專欄名之為「安得廣廈千萬間」，希望能對社會有些貢獻。事後，一位讀者朋友竟然問我，是不是要大舉搜購地產，下半輩子改做地主寓公。看來，也許該把心裡的想法講清楚，向讀者掏心掏肺地表白一番。

　　杜甫在〈茅屋為秋風所破歌〉一詩中，有句名言「安得廣廈千萬間，大庇天下寒士俱歡顏」。這首詩記述他在一次經歷風雨後，屋頂被掀走，還被鄰家小孩搶奪的狼狽情景；但杜甫令人敬佩的是，他在此困境中的期盼竟仍如此正面，希望能得到萬千廣廈，「大庇天下寒士」。杜甫的期盼其實是個不可能的願望。當今社會即使富比郭台銘，也恐怕沒有能力買下萬間大廈，更無法靠改變物質環境而扭轉千萬家庭的機運差異。

　　我一向認為，人生的際遇有七成是廣義的機運，大約只有三成是努力。此處所謂機運，不是指彩券中獎、猜題命中等狹義的隨機運勢，還包括了求學時代有沒有碰到好老師？居家附近是否有橫行幫派的干擾？家庭環境有沒有太大的衝擊？找事求職順不順利？當兵單位主管會不會欺負人？職業生涯的初期夥伴能不能多所照料？終身伴侶是否時時支持？子女表現有

沒有令自己頭疼？我們回想自己週邊這一切，如果都是平平順順，那就算是機運甚佳，堪稱好命。大哲學家德沃金說，一個公平的社會應該要多肯定努力、少獎勵機運，在概念上絕對是對的。德沃金希望，一個人本的社會能夠用政府課稅、補貼、社會保險等方式，去彌補個人機運的差異。然而無奈的是，前述諸多機運往往是難以名狀、難以刻畫（例如有沒有遇到好老師），因此當然也就不可能對相關的際遇差異由政府提供任何補救。此外，努力與機運其實不易區分：孟母三遷固然是做母親的堅定選擇，代表孟母的「努力」，但在這努力的背後，孟子一定是家庭環境夠好，才能容許孟母三遷，這其實也算是孟子的「機運」。

　　現代子女教育成長環境倚重家庭的程度，可能比孟子時代更嚴重。資料顯示，小康以上家庭才能提供子女補習、家教、才藝、運動等活動支援，而這些都會增加他們將來的升學優勢。如果家境不好、週邊學習環境不理想，那麼孩子們要靠自身努力而扭轉劣勢，恐怕是極為困難的。即使是父母有幫助子女的企圖，也絕不是如孟母搬個家就能解決問題。簡單地說，現代社會孩子們的環境機運是極不平等的。

　　就經濟、物質等實體環境而言，我算是非常幸運的，求學的過程堪稱平順；但是就教育內容、啟蒙環境而言，自己就走了不少冤枉路，跌跌撞撞數十年。考聯考時，我根本不知道

商學與經濟學有什麼差別，幾乎是盲目地依以往志願瞎填。讀研究所時，我也不知道什麼是學術研究，只是朦朦朧朧走上了教書做學問的路子。年幼家貧，音樂美術幾乎全無接觸，直到三十幾歲，才興沖沖地找家教學鋼琴。如果人生重來，我倒未必希罕物質環境的改善，卻真希望自己能早些開竅，少走這麼些冤枉路。

　　理解現代社會運作的人大都能夠體會：正因為個人物質際遇會以千百種形貌出現，因此要彌補個人的物質性機運差異，的確是非常困難。我們比較能補償的，其實是在教育上儘量給孩子們啟蒙的機會，減少孩子們出生背景的差距，真正往德沃金的理想「多肯定努力、少鼓勵機運」去邁進；這也是我在過去數年特別重視台灣教育的原因。

　　杜甫畢竟不是經濟學者。大廈是私有財，每間頂多只能住進八至十人，故非得購宅千萬間，才可能扶助眾多寒士。但是「知識」卻是沒有敵對性的準公共財；如果能有好的教材、好的老師，則大可同時觀照萬千學子，全無私有財的排擠作用。去年（二〇〇七）一整年，我花了極大的功夫整理三十年來累積的法政經社知識，貫穿成比較理想的通識內容，為建中、北一女、中山女高、雄女、雄中、南女、雄師附、蘭女、宜中、羅中等學校，先後上了一年的社會科學概論。如今，應時報文化出版公司之請集結十五講出版成書，其目的當然是想替孩子

們準備一兩冊合乎通識教育觀念的社會科學教材，讓他們有圓
融貫通法政經社知識的機會。我沒有能力取得千萬廣廈，只希
望「述記文章一二篇，化育天下學子近融圓」。既然大願若此，
版稅當然也是全數捐作獎學金。

　　　　　　　　　　　　　　　　朱敬一
　　　　　　　　　　　　　二〇〇八年八月十一日
　　　　　　　　　　　　　於中央研究院

知識叢書　1028

朱敬一講社會科學：台灣社會的新世紀挑戰

作　　　者——朱敬一
主　　　編——陳俊斌
編　　　輯——陳怡文
特約編輯——陳佩甄、蘇玲怡
美術編輯——許立人
執行企畫——曾秉常

總 編 輯——林馨琴
董 事 長——趙政岷
出 版 者——時報文化出版企業股份有限公司
　　　　　　108019台北市和平西路三段二四〇號四樓
　　　　　　發行專線—（〇二）二三〇六—六八四二
　　　　　　讀者服務專線—〇八〇〇—二三一一七〇五
　　　　　　讀者服務傳真—（〇二）二三〇四—六八五八
　　　　　　郵撥一一九三四四七二四時報文化出版公司
　　　　　　信箱—10899台北華江橋郵局第九九信箱
時報悅讀網—— http://www.readingtimes.com.tw
電子郵箱—— history@readingtimes.com.tw
法律顧問——理律法律事務所　陳長文律師、李念祖律師
印　　　刷——家佑印刷有限公司
初版一刷——二〇〇八年八月十八日
初版四刷——二〇二三年三月二十八日
定　　　價——新台幣二〇〇元
版權所有　翻印必究
（頁或破損的書，請寄回更換）

　　　時報文化出版公司成立於一九七五年，
　　　並於一九九九年股票上櫃公開發行，於二〇〇八年脫離中時集團非屬旺中，
　　　以「尊重智慧與創意的文化事業」為信念。

朱敬一講社會科學 / 朱敬一
　-- 初版. -- 臺北市：　時報文化，　2008.08
　　冊；　　公分. --（知識叢書；KA1026-KA1028）
　含參考書目
　ISBN 978-957-13-4900-8（上冊：平裝）
　ISBN 978-957-13-4901-5（中冊：平裝）
　ISBN 978-957-13-4902-2（下冊：平裝）

　1.社會科學　2.中等教育

524.35　　　　　　　　　　　　　　　　97014446

ISBN　978-957-13-4902-2
Printed in Taiwan